A propósito de Lenin

Slavoj Žižek

A propósito de Lenin
Política y subjetividad en el capitalismo tardío

Prólogo y traducción de
Sebastián Waingarten

[SERIE **POSICIONES**]

ATUEL | Parusía

Žižek, Slavoj
A propósito de Lenin: política y subjetividad en el capitalismo tardío.-
1ª. ed.– Buenos Aires : Parusía, 2004.
192 p. ; 20x14 cm.- (Posiciones)

Traducción de: Sebastián Waingarten

ISBN 987-20591-1-X

1. Ensayo Esloveno I. Título
CDD 891.844

Serie Posiciones

Título original: Dreizehn Versuche ueber Lenin
© 2003 by Slavoj Žižek

Editado por Atuel/Parusía

Diseño y prod. gráfica: Bilousdiseño
Foto de tapa: estatuilla «Darwin» que Lenin tenía en su escritorio del Kremlin.

ATUEL
Pichincha 1901 4º 'A' Buenos Aires, Argentina
Tel/fax. 4305-1141
www.editorialatuel.com.ar
info@editorialatuel.com.ar

Hecho el depósito que marca la ley 11.723

Impreso en Argentina
Printed in Argentina

Prólogo

Slavoj Žižek nació en 1949 en Ljubljana, Eslovenia. Culminó su bachillerato en Artes, Filosofía y Sociología en 1971; y obtuvo el doctorado en Filosofía de la Universidad de Ljubljana en 1985. En los años '70, forma parte de un grupo intelectual (la llamada *Escuela de Eslovenia*) donde se estudia y revaloriza la obra filosófica de Hegel, trabajo que marcará el resto de su obra teórica. Žižek es reconocido también por su actividad política, militando en su país en el "Movimiento Alternativo" durante los años '80, por el cual llegó a ser candidato a presidente de Eslovenia en las primeras elecciones multipartidarias de 1990.

Hacia mediados de los '70, Žižek había tomado contacto con el movimiento post-estructuralista francés, estudiando principalmente con Louis Althusser y Jacques Lacan. Luego de la muerte de este último, comenzará su análisis con Jacques-Alain Miller, y dictará clases de psicoanálisis en la universidad de París VIII. Uno de los primeros aportes de Slavoj Žižek al trabajo de recepción de la obra de Lacan, es el de haber destacado la importancia de figuras y nociones hegelianas no solo en las elaboraciones tempranas de Lacan, sino en el Lacan "maduro". Pero principalmente, lo que caracteriza la intervención del pensador esloveno es la articulación singular que realiza entre conceptos provenientes del campo de la filosofía, la política y el psicoanálisis. Su gran libro, *El sublime objeto de la ideología*, publicado en inglés en 1989 y traducido a más de diez idiomas, puede considerarse la mayor contribución a la teoría del sujeto y de la ideología del último cuarto de siglo. Allí, en el marco de una apropiación novedosa de Hegel, el autor realiza una síntesis abarcadora entre la noción de *objeto a* del psicoanalista francés y la teoría althusseriana de la interpelación ideológica.

Žižek fue un prolífico autor de libros de divulgación del psicoanálisis, habiendo sido en su país y en Alemania editor y autor principal de las colecciones de publicaciones *Analecta* y *Wo es War*.

7

En 1988, publicó en francés *Tout ce que vous avez toujours voulu savoir sur Lacan, sans oser le demander a Hitchcock,* traducido al español en 1994 (*Todo lo que Ud. siempre quiso saber acerca de Lacan y no se animaba a preguntarle a Hitchcock,* editado en nuestro medio por Nueva Visión), donde el autor desarrolla la mayor parte de los conceptos centrales de la obra de Lacan en base a figuras y ejemplificaciones tomadas del cine y la cultura popular, con una escritura particularmente llana y rigurosa.

Considerado uno de los principales introductores del psicoanálisis francés en Estados Unidos, Žižek ha dictado clases en universidades como las de Minnesota, Columbia y Michigan, donde también se desempeñó como investigador social. Su estilo directo, frenético y subversivo, junto con la popularidad conseguida entre los jóvenes estudiantes, le han valido el título de "la estrella del *rock* de la academia norteamericana". Durante los años '90, su escritura se hace cada vez más abundante, contándose entre sus libros más destacados *Porque no saben lo que hacen* (1991), *¡Goza tu síntoma!* (1992), *Las metástasis del goce* (1994), *Ensayo sobre Schelling* (1996), *Mirando al sesgo* (1998), *El espinoso sujeto* (1999) y *El frágil absoluto.* En todos sus trabajos sobresale la conjunción paradójica de erudición y anti-academicismo: las referencias a los pensadores antiguos y cristianos, la filosofía clásica y la línea que va desde el idealismo alemán hasta la Escuela de Frankfurt, junto a las tradiciones empirista y analítica anglosajonas, el post-estructuralismo francés y los estudios marxistas italianos contemporáneos, conviven con alusiones a los tópicos más comunes de la agenda mediática, despiadadas críticas a los intelectuales "pseudo-radicales" norteamericanos, y sistemáticas confrontaciones con los autores de más actualidad a nivel mundial.

Slavoj Žižek merece ser considerado el autor *de* la globalización: no solo porque el capitalismo global y el desarrollo de las comunicaciones y tecnologías digitales forman parte privilegiada de su temática, sino también porque la existencia de una red global de producciones culturales e intelectuales constituye la condición de posibilidad de la obra del filósofo esloveno. Sin embargo, no por ello debería pensarse que estamos frente a una variante más del eclecticismo postmoderno; muy al contrario, lo que caracteriza la apuesta teórica de este autor es la búsqueda rigurosa

y casi *obstinada* de una forma de sostener los estandartes básicos de
la Ilustración: el acceso a una verdad Universal, la fundación de un
Sujeto político, el deseo de emancipación radical.

No se trata de
hacer oídos sordos a las críticas a la Modernidad, de ignorar el legado
y la lección de pensamiento que se remonta a Nietzche-Heidegger y
llega hasta Deleuze y Derrida: lo que Žižek realiza es más bien
atravesar ese discurso, produciendo indicaciones y elementos que
posibilitan el relevo de la utopía de las luces.

Tal es el sentido último de la osadía que implica hoy, a
comienzos de un nuevo milenio, la recuperación de la figura política
de Lenin, que no es sino la repetición de la osadía primera de
recuperar filosóficamente a Hegel. Durante los años 2000-2001,
Žižek condujo un grupo de trabajo en el Instituto de Estudios
Culturales en Essen, Alemania, sobre la vida y obra de Lenin, con
vistas a un simposio internacional sobre el líder revolucionario en
febrero del 2001. Parte de los resultados de ese trabajo habían sido
incorporados a algunos de sus libros (como por ejemplo, *On Belief*,
no traducido al español) y a publicaciones electrónicas. El texto que
aquí presentamos, *A propósito de Lenin*, es una reelaboración de
dichos trabajos llevada a cabo recientemente por Žižek, a la luz de
los debates acaecidos en el mencionado Simposio, y de los últimos
desarrollos teóricos del autor.

La figura de Lenin sirve como hilo conductor de la
reflexión de Žižek sobre los temas capitales del pensamiento actual:
los modos capitalistas del lazo social, las condiciones de una política
radical, el papel de la violencia, el materialismo, la utilidad y el
destino de la filosofía, las formas actuales de la subjetividad, la
conjunción/disyunción entre el amor y el sexo. El texto está plagado
de *gestos teóricos*: tesis o afirmaciones polémicas, agudamente
controvertidas, que abren el espacio donde se desarrolla la
potencialidad crítica de los análisis y las formulaciones del autor.
Así, los escritos filosóficos y políticos de Lenin sirven para conmover,
cuestionar gran parte de los supuestos plácidamente compartidos
por la mayoría de los intelectuales (pretendidamente) radicales hoy
sobre el valor de la religión, de la Democracia, o de los "nuevos
movimientos sociales". Con todo, el texto no deja de ser una
búsqueda, un arduo tanteo cuyos *impasses* ponen a prueba varias

9

veces el "refinado sentido dialéctico" del autor: una teoría de la Verdad universal necesita de una noción rigurosa del totalitarismo y el fascismo, una apreciación justa del papel histórico de la empresa de Lenin no puede ser aislada completamente del destino del estalinismo, el ateísmo como horizonte secular debe ser confrontado no solo con las diversas formas de religiosidad sino también con el llano escepticismo... como en el texto dice el propio autor: "*La lección básica de la noción psicoanalítica de temporalidad es que hay cosas que uno tiene que realizar para aprender que son superfluas: en el curso del tratamiento, uno pierde meses en falsos movimientos antes de encontrar subrepticiamente la fórmula correcta — aunque dichos recorridos parezcan superfluos retroactivamente, estos desvíos eran necesarios*".

Estos "desvíos" que Žižek recorre y atraviesa con genialidad, en este texto que varias veces parece tomar la forma de un *work in progress*, de un ejercicio de variaciones que realiza el autor sobre sus ideas capitales, son no solo necesarios, sino urgentes, para la coyuntura política y teórica que hoy se vive y discute en nuestras latitudes, en momentos en los que, al igual que en los tiempos que precedieron la intervención revolucionaria de Lenin, los aparatos de Estado apenas pueden dar cuenta de las demandas sociales más básicas.

Sebastián Waingarten
Buenos Aires, Marzo del 2004

Introducción:
Entre las dos revoluciones

La primera reacción pública ante la idea de reactualizar a Lenin es, por supuesto, un arranque de risa sarcástica: hoy Marx está bien, incluso en Wall Street hay gente que lo ama — Marx el poeta de las mercancías, el Marx que proporcionó descripciones perfectas de la dinámica capitalista, que retrató la alienación y reificación de nuestra vida diaria — pero Lenin: ¡no, no puede ser en serio! ¿Lenin no simboliza precisamente el *fracaso* en poner el marxismo en práctica, la gran catástrofe de la política mundial, que dejó su marca en todo el siglo XX, el experimento del Socialismo Real que culminó en una dictadura económicamente ineficaz? Si hay un acuerdo general entre (lo que sea que quede de) la Izquierda radical hoy, es que para resucitar un proyecto político radical, uno debe dejar atrás el legado leninista: la implacable apelación a la lucha de clases, el Partido como forma privilegiada de organización, la toma violenta revolucionaria del poder, la subsiguiente "dictadura del proletariado"... ¿no son todos éstos "conceptos–zombi", que deben ser abandonados si la Izquierda quiere tener alguna oportunidad en las condiciones del capitalismo tardío "postindustrial"?

El problema con esta argumentación aparentemente convincente es que adhiere demasiado fácilmente a una imagen tradicional de Lenin: la del sabio Líder revolucionario que, después de formular las coordenadas básicas de su pensamiento y su practica en *¿Qué hacer?*, simplemente las lleva adelante en forma despiadada e implacable. ¿Y si hay otra historia sobre Lenin para contar? Es verdad que la Izquierda hoy está atravesando una experiencia conmocionante al final de una época entera del movimiento progresista, una experiencia que la obliga a reinventar las coordenadas más básicas de su proyecto — sin embargo, una experiencia precisamente homóloga fue la que dio nacimiento al leninismo. Baste recordar el *shock* que sufrió Lenin cuando, en otoño de 1914, todos los partidos socialdemócratas europeos (con la excepción honorable de los bolcheviques rusos y los Demócratas Sociales servios) adoptaron la "línea patriótica" — Lenin incluso pensó que el *Vorwaerts*, el periódico diario de la Democracia Social alemana que informó que los Demócratas Sociales en Reichstag votaron a favor de los créditos militares, era una falsificación de la policía secreta rusa destinada a engañar a los obreros rusos. En esos tiempos, con el conflicto militar que dividía al continente europeo por la mitad, ¡qué difícil era rechazar la idea de que se debía tomar partido en el conflicto, y luchar contra el "fervor patriótico" en el propio país! ¡Cuántas grandes mentes (inclusive la de Freud) sucumbieron a la tentación nacionalista, aun cuando sólo fuera por un par de semanas! Este *shock* de 1914 fue — para ponerlo en términos de Alain Badiou — un *desastre*, una catástrofe en la que un mundo entero desapareció: no sólo la idílica fe burguesa en el progreso, sino *también* el movimiento socialista que lo acompañaba. El propio Lenin (el Lenin de *¿Qué hacer?*) perdió la tierra bajo sus pies – no hay, en su reacción desesperada, ninguna satisfacción, ningún "¡yo se los dije!". Este momento de *Verzweiflung*, esta catástrofe abrió el lugar para el acontecimiento leninista, para romper el historicismo evolutivo de la Segunda Internacional — y sólo Lenin estuvo al nivel de esta apertura, de articular la Verdad de la catástrofe. A partir de este momento de desesperación, nació el Lenin que, por vía del rodeo de una lectura atenta de la *Lógica* de Hegel, pudo discernir la oportunidad única para la revolución. Es crucial dar todo el énfasis que merece a esta relevancia de la "alta teoría" para la lucha política más concreta hoy, cuando un intelectual comprometido como Noam Chomsky gusta resaltar que el conocimiento teórico es insignificante para la lucha política progresista: ¿de qué sirve estudiar los grandes textos sociales filosóficos y teóricos para la lucha de hoy contra el modelo neoliberal de globalización? ¿No se trata acaso de hechos evidentes (que sólo tienen que ser dados a conocimiento público, lo que Chomsky está haciendo en sus numerosos textos políticos), o bien con tal grado de complejidad que no podemos entender nada sobre ellos? Contra esta tentación anti–teórica, no es suficiente llamar la atención sobre los numerosos presupuestos teóricos acerca de la libertad, el poder y la sociedad, que también abundan en los textos políticos de Chomsky; lo que es posiblemente más importante es cómo hoy, quizás por primera vez en la historia de la humanidad, nuestra experiencia actual (la biogenética, la ecología, el ciberespacio y la realidad virtual) nos obliga a *todos* a afrontar los problemas filosóficos básicos sobre la naturaleza de la libertad y la identidad humanas, entre otros

Volviendo a Lenin, su *El Estado y la Revolución* es estrictamente correlativo de esta experiencia conmocionante de 1914 — el profundo compromiso subjetivo de Lenin es claro en su famosa carta a Kamenev de julio de 1917:

> Entre nous: *si me matan, le pido que publique mi cuaderno "Marxismo & Estado" (atascado en Estocolmo). Está cubierto por una tapa azul. Es una colección de todas las citas de Marx & Engels, e igualmente de Kautsky contra Pannekoek. Hay una serie de comentarios & notas, formulaciones. Pienso que con una semana de trabajo podría publicarse. Lo considero imp. ya que no sólo Plekhanov sino también Kautsky se extraviaron. Una condición: todo esto es* entre nous[1].

El compromiso existencial es aquí extremo, y el corazón mismo de la "utopía" leninista surge de las cenizas de la catástrofe de 1914, del arreglo de cuentas con la ortodoxia de la Segunda Internacional: el imperativo radical de quebrar el estado burgués, que significa el Estado como tal, e inventar una nueva forma social comunal sin ejército, policía o burocracia en pie, en la que todos pudieran tomar parte en la administración de los asuntos sociales. Esto no era para Lenin ningún proyecto teórico para algún futuro distante — en octubre de 1917, Lenin declaró que "podemos poner en seguida en movimiento un aparato estatal constituido por diez, si no veinte millones de personas". *Esta urgencia del momento es la verdadera utopía.*

---

[1] V.I. Lenin, *Obras Completas*, Moscu; Progress Publishers 1965, vol 42, p. 67.

[2] Citado por Neil Harding, *Leninismo*, Durham: Duke Universidad Press 1996, pág. 309.

Lo que debería valorarse es la *locura* (en el estricto sentido kierkegaardiano del término) de esta utopía leninista — y, si significa algo, el estalinismo representa un retorno al "sentido común" realista. Es difícil sobreestimar el potencial explosivo de *El Estado y la Revolución* — en este libro, "el vocabulario y la gramática de la tradición política occidental son violentamente subvertidos"[2]. Lo que siguió luego puede llamarse, pidiendo prestado el título del texto de Althusser sobre Maquiavello, la *soledad* de Lenin: el momento en que estuvo prácticamente solo, luchando contra la corriente dentro de su propio partido. Cuando, en sus *Tesis de abril* de 1917, Lenin pudo discernir el *Augenblick*, la oportunidad única para la revolución, sus propuestas se encontraron en primera instancia con el estupor y el desprecio de la gran mayoría de sus colegas del Partido. Dentro del partido bolchevique, ningún líder prominente apoyó su llamado a la revolución, y *Pravda* tomó la extraordinaria decisión de disociar el partido, y el comité editorial en su conjunto, de las *Tesis de abril* de Lenin — lejos de ser un oportunista adulador y explotador del humor prevalente del populacho, las opiniones de Lenin eran altamente idiosincrásicas. Bogdanov caracterizó las *Tesis de abril* como "el delirio de un loco"[3], y la propia Nadezhda Krupskaya concluyó: "tengo miedo, parece como si Lenin hubiera perdido la razón"[4].

En febrero de 1917, Lenin era un emigrante político prácticamente anónimo, residente en Zurich, sin contactos confiables en Rusia, que se enteraba de los acontecimientos que ocurrían principalmente a través de la prensa suiza; en octubre, llevó a cabo con éxito la primer revolución socialista — ¿qué ocurrió en ese lapso de tiempo? En febrero, Lenin percibió inmediatamente la oportunidad revolucionaria, el resultado contingente de circunstancias únicas — si no se aprovechaba el momento, la oportunidad para la revolución se postergaría, quizás, por décadas enteras. En su obstinada insistencia en el hecho de que debía correrse el riesgo de pasar a la próxima fase, es decir, *repetir* la revolución, Lenin estaba solo, ridiculizado por la mayoría de los miembros de los comités centrales de su propio partido. Sin embargo, si bien fue indispensable la intervención personal de Lenin, la historia de la Revolución de octubre no podría entenderse como la del genio aislado que se enfrenta a las masas desorientadas y les impone gradualmente su visión. Lenin tuvo éxito porque su apelación, esquivando la *nomenklatura* del Partido, encontró eco en lo que estaríamos tentados en llamar la *micropolítica* revolucionaria: la increíble explosión de democracia en las bases mismas, de comités locales que emergían alrededor de las grandes ciudades de Rusia e, ignorando la autoridad del gobierno "legítimo", tomaban las cosas en sus manos. Ésta es la historia no contada de la Revolución de octubre, el anverso del mito del grupo diminuto de despiadados activistas revolucionarios que realizaron un golpe de Estado.

Lenin era totalmente consciente de la paradoja de la situación: en la primavera de 1917, después de la Revolución de febrero, que volcó al régimen zarista, Rusia era el país más democrático de toda Europa, con un grado inaudito de movilización de masas, libertad de organización y de prensa — y asimismo, esta libertad hacía a la situación opaca, completamente ambigua. Si hay un hilo común que atraviesa los textos de Lenin escritos "entre las dos revoluciones" (la de febrero y la de octubre), es su insistencia en la brecha que separa los contornos formales "explícitos" de la lucha política por parte de la multitud de partidos y otros sujetos políticos, de sus reclamos sociales *reales* (paz inmediata, distribución de la tierra, y, por supuesto, "todo el poder a los soviets", es decir el desmantelamiento de los aparatos de Estado existentes y su reemplazo por nuevas formas comunitarias de gerenciamiento social). Esta brecha es la brecha entre la revolución en tanto explosión imaginaria de libertad, de entusiasmo sublime, en tanto momento mágico de solidaridad universal, cuando "todo parece posible", y el duro trabajo de reconstrucción social que debe realizarse para que esta explosión entusiasta deje su marca en la inercia propia del edificio social.

Este brecha – idéntica a la que tuvo lugar entre 1789 y 1793 en la Revolución francesa — es el espacio donde se dio la intervención única de Lenin: la lección fundamental del materialismo revolucionario es que la revolución debe golpear dos veces, y esto por razones esenciales. Esta brecha no es simplemente la distancia

---

³ Harding, op.cit., pág. 87.

⁴ Ibid.

entre la forma y el contenido: lo que le falta a la "primer revolución" no es el contenido, sino *su forma misma* – ésta permanece estancada en la vieja forma, en el pensamiento de que pueden lograrse libertad y justicia simplemente poniendo a funcionar el aparato estatal ya existente y sus mecanismos democráticos. ¿Y si el "buen" partido ganara en elecciones libres e implementase "legalmente" los instrumentos de la transformación socialista? (La expresión más clara de esta ilusión, rayana en el ridículo, es la tesis de Karl Kautsky, formulada en los años veinte, de que la forma política lógica de la primera fase del socialismo, del pasaje del capitalismo al socialismo, es la coalición parlamentaria de los partidos proletarios y burgueses). El paralelo con la era de la modernidad temprana es perfecto: allí, la oposición a la hegemonía ideológica de la Iglesia se articuló primero en la forma de una ideología religiosa más, como una *herejía*; en el mismo sentido, los partisanos de la "primer revolución" querían subvertir la dominación capitalista en la forma política misma de la democracia capitalista. En esto consiste la "negación de la negación" hegeliana: primero, el viejo orden es negado dentro de su propia forma ideológico–política; luego, esta forma misma tiene que ser negada. Aquellos que vacilan, que temen dar el segundo paso de superar la forma misma, son los que (para repetir a Robespierre) quieren una "revolución sin revolución" — y Lenin despliega toda la fuerza de una "hermenéutica de la sospecha" para discernir las diferentes formas de esta retirada.

En sus escritos de 1917, Lenin concentra su mejor acerbo de ironía para aquellos que se comprometen en la búsqueda interminable de algún tipo de "garantía" para la revolución; esta garantía asume dos formas principales: la noción reificada de la Necesidad social (no debe arriesgarse la revolución demasiado rápidamente; hay que esperar el momento correcto, cuando la situación está "madura" con respecto a las leyes del desarrollo histórico: "es demasiado temprano para la Revolución socialista, la clase obrera no está madura todavía") o bien la legitimidad ("democrática") normativa ("la mayoría de la población no está de nuestro lado, de modo que la Revolución no sería realmente democrática") — como lo dice Lenin repetidamente: es como si,

16

antes de que los agentes revolucionarios arriesguen la toma del poder estatal, debieran recibir el permiso de alguna figura del gran Otro (por ejemplo, organizar un referéndum que determinará si la mayoría apoya la revolución). Con Lenin, como con Lacan, la revolución *ne s'autorise que d'elle–meme*: el *acto* revolucionario debe ser asumido sin estar cubierto por el gran Otro — el temor de tomar el poder "prematuramente", la búsqueda de garantías, es el temor ante el abismo del acto. En ello estriba la dimensión última de lo que Lenin denuncia continuamente como "oportunismo", y su apuesta es que el "oportunismo" como posición es en sí mismo, inherentemente, falso, ya que enmascara el temor de realizar el acto bajo la pantalla protectora de los hechos, leyes, o normas "objetivas"; lo que explica por qué el primer paso para combatirlo es denunciarlo abiertamente: "Entonces, ¿qué hacer? Debemos *aussprechen was ist*, 'enunciar los hechos', admitir la verdad de que hay una tendencia, o una opinión, en nuestro Comité Central..."[5].

La respuesta de Lenin no es la referencia a un conjunto *diferente* de "hechos objetivos", sino la repetición del argumento enunciado una década atrás por Rosa Luxemburgo contra Kautsky: aquellos que esperan las condiciones objetivas para la revolución esperarán para siempre — semejante posición de observador objetivo (y no de agente comprometido) es el obstáculo principal para la revolución. El contrargumento de Lenin contra los críticos formal–democráticos del segundo paso es que esta opción "democrática pura" es en sí misma utópica: en las circunstancias rusas concretas, el estado burgués–democrático no tenía ninguna oportunidad de sobrevivir — el único modo "realista" de proteger las verdaderas conquistas de la Revolución de febrero (libertad de organización y prensa, etc.) era avanzar hacia la Revolución Socialista, de lo contrario, la reacción zarista ganaría.

La lección básica de la noción psicoanalítica de temporalidad es que hay cosas que uno tiene que realizar para aprender que son superfluas: en el curso del tratamiento, uno

5 V.I. Lenin, *Obras Completas*, Moscú; Progress Publishers 1965, vol 33, p. 422.

pierde meses en falsos movimientos antes de encontrar subrepticiamente la fórmula correcta — aunque dichos recorridos parezcan superfluos retroactivamente, estos desvíos eran necesarios. ¿Y no pasa lo mismo con la Revolución? ¿Qué pasó cuando, luego, en sus últimos años, Lenin se dio cuenta cabalmente de las limitaciones del poder bolchevique? Es aquí que uno debería oponer a Lenin y Stalin: en los últimos escritos de Lenin, largo tiempo después de que renunciara a su utopía de *El Estado y la Revolución*, uno puede discernir los contornos de un modesto proyecto "realista", de lo que el poder bolchevique debería hacer: debido al subdesarrollo económico y el atraso cultural de las masas rusas, no hay ninguna manera de que Rusia "pase directamente al Socialismo"; todo lo que el poder soviético puede hacer es combinar una política moderada de "capitalismo estatal" con una intensa educación cultural de las masas campesinas — *no* la "propaganda comunista" lava–cerebros, sino simplemente una imposición paciente, gradual, de normas de la civilización desarrollada. Los hechos y las cifras revelan "la inmensa cantidad de trabajo urgente que todavía tenemos que hacer para alcanzar el nivel de un campesino de Europa Oriental ordinario civilizado. /.../ Debemos tener presente la ignorancia semi–asiática de la que no nos hemos desembarazado todavía". Así, Lenin advierte repetidamente contra cualquier clase de "implantación del Comunismo" directa: "Bajo ninguna circunstancia debe entenderse que debemos propagar inmediatamente las ideas estrictamente comunistas en el país. Mientras a nuestro país le falte la base material para el comunismo, ello será, debo decirlo, dañoso, si no fatal". Su *leit–motiv* recurrente es: "Lo más dañino aquí sería la prisa"[6]. Contra esta posición a favor de una "revolución cultural", Stalin optó por la noción completamente anti–leninista de "construir el Socialismo en un Estado".

¿Significa esto que Lenin adoptó silenciosamente la conocida crítica menchevique del utopismo bolchevique, la idea de que la revolución debe seguir una serie preordenada de fases necesarias (sólo puede ocurrir después de que sus condiciones materiales estén establecidas)? Es aquí que podemos observar en funcionamiento el refinado sentido dialéctico de Lenin: él es totalmente consciente de que, a principios de los años 1920s, la tarea principal del poder bolchevique era ejecutar las tareas del régimen burgués progresista (educación general, etc.); sin embargo, el hecho mismo de que es un poder *revolucionario proletario* el que está haciéndolo cambia fundamentalmente la situación — hay una oportunidad única de que esta tarea de "civilización" se lleve a cabo de semejante manera que se vea privada de su limitado armazón ideológico burgués (la educación general sería una educación muy genérica que sirva al pueblo, no la máscara ideológica tras la cual propagar el estrecho interés de clase burgués, etc.). La paradoja propiamente dialéctica reside así en que es la *desesperación* misma de la situación rusa (el atraso que obliga al poder proletario a llevar a cabo el proceso civilizador burgués) la que puede convertirse en una ventaja única:

> *¿No es la completa desesperanza de la situación, al estimular los esfuerzos de los obreros y campesinos al décuplo, la que nos ofrece la oportunidad de crear los requisitos fundamentales de civilización de una manera diferente a la de los países de Europa oriental?*[7]

Tenemos aquí dos modelos, dos lógicas incompatibles de la revolución: aquellos que esperan el momento teleológicamente maduro de la crisis final, en el que la Revolución estallará "en su momento apropiado" por necesidad de la evolución histórica; y aquellos que son conscientes de que la Revolución no tiene ningún "tiempo propio", aquellos que perciben la oportunidad revolucionaria como algo que surge y que tiene que ser atrapado en los desvíos mismos del desarrollo histórico "normal". Lenin no es un voluntarista "subjetivista" – en lo que él insiste es en que la excepción (el juego extraordinario de las circunstancias, como aquéllas en la Rusia de 1917) ofrece una manera de socavar la norma misma. ¿Y esta línea de argumentación, esta posición

19

---

[6] V.I. Lenin, *Obras Completas*, Moscu; Progress Publishers 1965, vol 33, p. 463 – 488.

[7] V.I. Lenin, op. cit., p. 479.

fundamental, no es hoy más real que nunca? ¿No vivimos en una era en la que el Estado y sus aparatos, inclusive sus agentes políticos, son cada vez menos capaces de articular los problemas clave de nuestro tiempo? La ilusión de 1917 de que los problemas urgentes que enfrentaba Rusia (paz, distribución de la tierra, etc.) podrían resolverse a través de los medios parlamentarios "legales", es comparable a la ilusión contemporánea de que, digamos, la amenaza ecológica podría evitarse por la vía de extender la lógica del mercado a la ecología (obligando a los contaminadores a pagar el precio por el daño ecológico que causan).

[]

Uno:
El derecho a la verdad

¿Dónde estamos entonces hoy, según los parámetros de Lenin? En la era de lo que Habermas designó como *die neue Undurchsichtlichkeit*[8], nuestra experiencia cotidiana es más mistificante que nunca: la modernización en sí misma genera nuevos obscurantismos, la reducción de nuestra libertad nos es presentada como la llegada de nuevas libertades. La percepción de que vivimos en una sociedad de opciones libres, en la que tenemos que escoger incluso la mayor parte de nuestros rasgos más "naturales" (nuestra identidad étnica o sexual), es la forma en que se nos aparece su opuesto, la *ausencia* de verdaderas opciones[9]. La reciente tendencia fílmica de "realidades alternativas", que presenta la realidad existente con una multitud de posibles finales, muestra una sociedad en la que las opciones ya no cuentan, se trivializan.

En estas circunstancias, uno debe tener sobre todo el cuidado de *no confundir la ideología efectivamente dominante con la ideología que parece dominar*. Más que nunca, se debe tener presente el recordatorio de Walter Benjamín, de que no es suficiente con interrogar a una cierta teoría (o arte) acerca de cómo se declara con respecto a las luchas sociales — uno también debe preguntar cómo funciona efectivamente *en* estas mismas luchas. En lo referente al sexo, la actitud efectivamente hegemónica no es la represión patriarcal, sino la promiscuidad libre; en el arte, las provocaciones al ruidoso estilo de las exhibiciones de "Sensación" son la norma, el ejemplo del arte integrado completamente al *establishment*. Ayn Rand implementó **21**

---

[8] Ver Jürgen Habermas, *Die Neue Unuebersichtlichkeit*, Frankfurt: Suhrkamp Verlag 1985.

[9] Me baso aquí en Anna Kornbluh, *El Hombre de Familia*, manuscrito inédito (UCLA, marzo del 2001).

esta lógica para su conclusión, suplementándola con una especie de giro hegeliano, al afirmar que la ideología oficial misma es su propia gran transgresión, como lo expresa en el título de uno de sus últimos libros, "Capitalismo, ese ideal desconocido", o en su eslogan: "Altos ejecutivos, la última especie en peligro de extinción en América". De hecho, como el funcionamiento "normal" del capitalismo involucra algún tipo de renegación del principio básico de su accionar (el modelo del capitalista de hoy es alguien que, después de generar cuantiosas ganancias en forma despiadada, generosamente distribuye parte de éstas, efectuando grandes donaciones a las iglesias, a las víctimas de abuso étnico o sexual, etc., proponiéndose como filántropo), el acto de transgresión mayor es afirmar este principio directamente, pero privándolo de su cobertura humanitaria. Por consiguiente, uno casi debería invertir la tesis 11 de Marx: la tarea primaria hoy precisamente es no sucumbir a la tentación de actuar, intervenir directamente para cambiar radicalmente las cosas (lo que inevitablemente terminaría en un *cul de sac* de imposibilidad debilitante: "¿qué puede uno hacer contra el capital global?"), sino cuestionar sus coordenadas ideológicas hegemónicas. Para abreviar, nuestro momento histórico todavía es el de Adorno:

A la pregunta '¿Qué debemos hacer?' puedo contestar las más de las veces en verdad sólo con un 'no lo sé'. Sólo puedo intentar analizar rigurosamente lo que hay. Aquí se me reprocha: —Cuando usted ejerce la crítica, también está obligado a decir cómo se deben hacer las cosas mejor. Esto es lo que por todos los medios entiendo como un prejuicio burgués. Ocurrió muchas veces en la historia que los mismos trabajos que persiguieron metas puramente teóricas transformaron la conciencia, y por ese medio también la realidad social.[10]

Si, hoy, uno sigue una llamada directa a actuar, este acto no se realizará en un espacio vacío — será un acto *dentro* de las coordenadas ideológicas hegemónicas: aquellos que "realmente quieren hacer algo para ayudar a la gente", se involucran en hazañas (indudablemente honorables) como las de los *Médecins sans frontière*, *Greenpeace*, campañas feministas y anti—racistas, que no sólo son toleradas, sino incluso apoyadas por los medios de comunicación, aun cuando se entrometan aparentemente en el territorio económico (digamos, denunciando y boicoteando compañías que no respetan las condiciones ecológicas o que utilizan mano de obra infantil) – son toleradas y apoyadas con tal de que no se acerquen demasiado a un cierto límite. Este tipo de actividad proporciona el ejemplo perfecto de interpasividad: de hacer cosas no para lograr algo, sino para *evitar* que algo pase realmente, que algo realmente cambie. Toda la actividad del filántropo frenético, políticamente correcto, etc., encaja en la fórmula de "¡sigamos todo el tiempo cambiando algo para que, globalmente, las cosas permanezcan igual!". Si los Estudios Culturales critican al capitalismo, lo hacen a la manera codificada ejemplarmente por la paranoia liberal hollywoodense: el enemigo es "el sistema", "la organización" oculta, "la conspiración" anti–democrática, y *no* simplemente el capitalismo y sus aparatos de Estado. El problema con esta posición crítica no sólo es que reemplaza el análisis social concreto por la lucha contra fantasías paranoicas abstractas, sino que — en un gesto paranoico típico — *reduplica* la realidad social innecesariamente, como si hubiera una Organización secreta *detrás* del capitalista "visible" y los órganos estatales. Lo que se debe aceptar es que no hay necesidad de una "organización dentro de la organización" secreta: la "conspiración" ya está en la organización "visible" como tal, en el sistema capitalista, en la manera en que funcionan el espacio político y los aparatos estatales.

Permítasenos tomar uno de los temas predominantes de la academia radical norteamericana actual: los estudios postcoloniales. El problema del postcolonialismo es indudablemente crucial; sin embargo, los estudios postcoloniales tienden a traducirlo a la problemática multiculturalista del "derecho a narrar" de las minorías colonizadas su experiencia victimizada, o bien en la problemática de los mecanismos de poder que reprimen "la otredad", de manera que, al final del día, aprendimos que la raíz de la explotación postcolonial es nuestra intolerancia hacia el Otro, y, además, que esta intolerancia está arraigada en nuestra intolerancia hacia el "Extraño en nosotros",

23

---

[10] Theodor W. Adorno, *Vermischte Schriften I*, Frankfurt: Suhrkamp Verlag 1997, pág. 404.

en nuestra incapacidad para confrontar lo que reprimimos en y de nosotros mismos — la lucha político–económica se transforma así imperceptiblemente en el drama pseudo–psicoanalítico del sujeto incapaz de confrontar sus traumas internos... (¿Por qué pseudo–psicoanalítico? Porque la verdadera lección del psicoanálisis no es que los acontecimientos externos que nos fascinan y/o perturban son sólo proyecciones de nuestros impulsos reprimidos internos. Lo insoportable de la vida es que hay efectivamente allí afuera acontecimientos que nos perturban: *hay* personas que viven en condiciones infrahumanas, *hay* otros seres humanos que experimentan un intenso goce sexual mientras nosotros somos medio–impotentes, *hay* personas sometidas a torturas espantosas... De nuevo, la última verdad del psicoanálisis no es la del descubrimiento de nuestro verdadero Yo, sino el encuentro traumático con un Real insoportable). El excesivo celo Políticamente Correcto de la gran mayoría de los académicos "radicales" hoy, cuando hablan de sexismo, racismo, abusos en el Tercer Mundo, etc., es así finalmente una defensa, una especie de ritual compulsivo cuya lógica oculta es, nuevamente: "hablemos tanto como sea posible sobre la necesidad de un cambio radical para asegurarnos de que efectivamente nada cambie realmente". Con respecto a este *chic* radical, el primer gesto hacia los ideólogos y practicantes de la Tercer Vía debe ser de alabanza: ellos juegan su juego por lo menos de una manera recta, y son honestos en su aceptación de las coordenadas del capitalismo global, en contraste con los izquierdistas académicos pseudo–radicales que adoptan hacia la Tercer Vía una actitud de absoluto desdén, mientras su propio radicalismo en última instancia representa un gesto vacío que no mueve a nadie a nada determinado.

Por supuesto, debe hacerse aquí una estricta diferencia entre el compromiso social auténtico en nombre de las minorías explotadas y el sembradero de rebeldía multiculturalista/ postcolonial sin ningún riesgo o falta, que prospera en la academia "radical" norteamericana. Sin embargo, si, en contraste con el "multiculturalismo corporativo", definimos un "multiculturalismo crítico", como estrategia para señalar que "hay fuerzas comunes de opresión, estrategias comunes de exclusión, estereotipamiento, y estigmatización de grupos oprimidos, y por lo tanto enemigos y blancos de ataque comunes"[11], entonces no se ve la adecuación del uso continuado del término "multiculturalismo", ya que el acento aquí se ha desplazado hacia la lucha *común*. En su significado usual, el multiculturalismo encaja perfectamente con la lógica del mercado global.

Recientemente, los hindúes en la India organizaron extendidas protestas contra la compañía *McDonald's*, después de que se conoció que, antes de congelar las papas fritas, *McDonald's* las fríe en grasa animal (de carne vacuna); después de que la compañía admitió este punto, y garantizó que todas las papas fritas vendidas en la India sólo se freirían en aceite vegetal, los hindúes satisfechos volvieron alegremente a masticar sus papas fritas. Lejos de socavar la globalización, esta protesta contra *McDonald's*, y la rápida respuesta de la compañía, señalan la perfecta integración de los hindúes en el orden global diversificado.

Este "respeto" liberal por los hindúes es así irremediablemente paternalista, como nuestra actitud usual hacia los niños pequeños: aunque no los tomamos en serio, "respetamos" sus costumbres inocuas para no conmover su mundo ilusorio. Cuando un visitante llega a un pueblo local con costumbres propias, ¿hay algo más racista que sus torpes esfuerzos por demostrar que él "entiende" las costumbres locales y puede seguirlas? ¿Tales conductas no muestran la misma actitud paternalista que la que despliegan los adultos cuando buscan adaptarse a sus niños pequeños imitando sus gestos y su manera de hablar? ¿No se ofenden legítimamente los habitantes locales cuando los intrusos extranjeros se "mimetizan" con su discurso? La falsedad paternalista del visitante no reside meramente en el hecho de que él sólo actúa para ser "uno de ellos" – se trata más bien de que sólo establecemos un verdadero contacto con los locales cuando ellos nos descubren la distancia que mantienen con respecto a la letra de sus propias costumbres. Hay una anécdota muy conocida sobre el Príncipe Peter Petrovic Njegos,

25

---

[11] Douglas Kellner, *Media Culture*, Londres: Routledge 1995, p. 97.

gobernante de Montenegro en la primera mitad del siglo XIX, famoso por sus batallas contra los Turcos, así como por su poesía épica: cuando un visitante inglés a su corte, profundamente tocado por un ritual local, expresó su buena gana para tomar parte en él, Njegos lo desairó cruelmente: "¿Por qué debe hacer usted también el papel de tonto? ¿No es suficiente ya con que juguemos nosotros estos juegos estúpidos?"

Más aun, ¿qué decir sobre prácticas como la de quemar a las esposas después de la muerte de sus maridos, que forma parte de la *misma* tradición hindú que las vacas sagradas? ¿Debemos nosotros (los multiculturalistas occidentales tolerantes) respetar también estas prácticas? Aquí, el multiculturalista tolerante se ve obligado a acudir a una distinción completamente eurocéntrica, una distinción totalmente extraña al hinduismo: el Otro es tolerado con respecto a costumbres que no hieren a nadie – en el momento en que tocamos alguna dimensión traumática (para nosotros), la tolerancia se ha terminado. Para abreviar, la tolerancia es la tolerancia hacia el otro en la medida en que este otro no es un "fundamentalista intolerante" – lo que significa simplemente: en la medida en que no es realmente un Otro. La tolerancia es "tolerancia cero" para los realmente Otros, o sea, el Otro en el peso sustancial de su *goce*. Podemos ver cómo esta tolerancia liberal reproduce el funcionamiento elemental "postmoderno" de acceder al objeto solo en tanto éste está privado de su substancia: podemos disfrutar café sin cafeína, cerveza sin alcohol, sexo sin contacto corporal — y, en la misma línea, nos llevamos muy bien con el Otro étnico privado de la substancia de su Otredad...

En otros términos, el problema del multiculturalista liberal es que es incapaz de sostener una indiferencia hacia el goce excesivo del Otro — este *jouissance* lo perturba porque toda su estrategia consiste en mantenerlo a una distancia apropiada. Esta indiferencia hacia el goce del Otro, la ausencia completa de envidia, es el componente clave de lo que Lacan llama la posición subjetiva del "santo". Como sí ocurre con los auténticos "fundamentalistas" (digamos, los Amish) que son indiferentes, no les molesta el goce secreto de los Otros, o con los verdaderos creyentes en una Causa (universal), como San Pablo, que son significativamente indiferentes hacia las costumbres y morales locales, que simplemente *no interesan*. En contraste con ellos, el liberal multiculturalista es un "ironista" rortyano, siempre manteniendo una distancia, siempre desplazando la creencia hacia los Otros — Otros creen por él, en su lugar. Y aunque puede parecer ("para sí") que reprocha al Otro creyente el contenido particular de su creencia, lo que efectivamente ("en sí") lo molesta es la *forma* de la creencia como tal. La intolerancia es intolerancia hacia el Real de una creencia. Él se comporta efectivamente como el marido proverbial que en principio concede que su esposa pueda conseguir un amante, sólo que no *ese* tipo, es decir, cualquier amante particular es inaceptable: el liberal tolerante concede en principio el derecho a creer, a la vez que rechaza toda creencia particular como "fundamentalista". El mejor *lapsus* de la tolerancia multiculturalista es la forma en la que se inscribe para él la distinción de clase: cuando agrega al insulto (ideológico) la injuria (político–económica); los individuos Políticamente Correctos de clase alta acostumbran a reprochar a las clases bajas su "fundamentalismo" de *cabecita negra*.

Esto nos trae una pregunta más radical: ¿el respeto hacia la otra creencia (digamos, la creencia en la santidad de las vacas) es realmente el horizonte ético último? ¿No es éste el horizonte mayor de las éticas postmodernas, en las que, en tanto la referencia a cualquier forma de verdad universal es descalificada como una forma de violencia cultural, lo que importa en última instancia es sólo el respeto por la fantasía del otro? O, para decirlo de una manera aun más filosa: si bien puede sostenerse que mentirle a los hindúes sobre la grasa vacuna es éticamente problemático — ¿esto significa que no sería correcto defender públicamente que su creencia (en la santidad de vacas) ya es en sí misma una mentira, una creencia falsa? El hecho de los "comités de ética", que florecen por todos lados hoy apunta en la misma dirección: ¿cómo es que la ética de repente se volvió un asunto burocrático (administrativo), y vemos constituirse comités nombrados por el Estado, investidos de autoridad para determinar qué curso de acción puede éticamente sostenerse como aceptable? La respuesta de los teóricos de la "sociedad de riesgo" (necesitamos comités porque estamos confrontando nuevas situaciones en las que no es más posible aplicar las viejas normas) es claramente insuficiente: estos comités son el signo de un mal más profundo (y, al mismo tiempo, una respuesta inadecuada a él).

El problema mayor con el "derecho a narrar" es que el mismo busca hacer referencia a la experiencia particular única como argumento político: "sólo una mujer negra *gay* puede experimentar y decir lo que quiere decir ser una mujer negra *gay*", etc. Semejante recurso a la experiencia particular que no puede universalizarse es siempre y por definición un gesto político conservador: finalmente, todos pueden evocar su experiencia única para justificar sus actos reprensibles. ¿No sería entonces posible que un verdugo nazi alegue que sus víctimas realmente no entendían el punto de vista interno y personal que lo motivó? En este mismo sentido, Veit Harlan, *el* director cinematográfico nazi, alrededor de 1950 desesperaba de que los judíos en EE.UU. no mostraban comprensión para con su defensa por haber realizado *The Jew Suess*, alegando que ningún judío americano realmente podía entender lo que era su situación en la Alemania nazi — lejos de justificarlo, esta verdad obscena (fáctica) es la mentira mayor. Más aun, el hecho de que el más grande alegato en favor de la tolerancia en la historia del cine fuera hecho en defensa contra los ataques "intolerantes" hacia el celebrador del Ku Klux Klan, dice mucho acerca de hasta qué punto el significante "tolerancia" tiene mucho de "flotante", para usar términos actuales. Para D.W.Griffith, *Intolerancia* no fue una forma de exculparse por el mensaje racista agresivo contenido en *El Nacimiento de una Nación*: muy al contrario, él estaba contraatacando por lo que él consideró "intolerancia" por parte de grupos que intentaron prohibir *El Nacimiento de una Nación*, a causa de su mensaje anti–negro; cuando Griffith se queja sobre la "intolerancia", él está mucho más cerca de los fundamentalistas de hoy que desacreditan la defensa "políticamente correcta" de los derechos universales de las mujeres, por ser "intolerante" hacia su estilo de vida específico, que a la pura aserción de las diferencias del multiculturalista de hoy.

28   Por consiguiente, el primer aspecto del legado de Lenin a ser reinventado hoy es la política de la verdad, excluida tanto por la democracia política liberal como por el "totalitarismo". La democracia, por supuesto, es el reino de los sofistas: sólo hay opiniones, cualquier referencia de un agente político a alguna verdad última se denuncia como "totalitaria". Sin embargo, lo que los regímenes "totalitarios" imponen es también un mero semblante de verdad: una Enseñanza

arbitraria cuya función es simplemente legitimar las decisiones pragmáticas de los gobernantes[12]. Vivimos en la era "postmoderna", en la que los reclamos de verdad como tales son desdeñados, tenidos por mera expresión de mecanismos ocultos de poder — como los representantes del rebrote pseudo–nietzscheano gustan enfatizar: la verdad es una mentira que es eficaz para afirmar nuestra voluntad de poder. La pregunta misma de "¿es verdad?", atinente a alguna afirmación, se suplanta por esta otra pregunta: "¿Bajo qué condiciones de poder esta afirmación puede proferirse?". Lo que tenemos en lugar de la verdad universal es una multitud de perspectivas, o, como está de moda decirlo hoy, de "narrativas"; por consiguiente, los dos filósofos del capitalismo global de hoy son los dos grandes "progresistas" izquierdo–liberales, Richard Rorty y Peter Singer — honestos en su posición radical. Rorty define así sus coordenadas básicas: la dimensión fundamental del ser humano es su capacidad de sufrir, de experimentar dolor y humillación — por consiguiente, ya que los humanos son los animales simbólicos, el derecho fundamental es el derecho para narrar la propia experiencia de sufrimiento y humillación[13]. Singer proporciona luego el trasfondo darwiniano: el "especismo" (privilegio de la especie humana) no es diferente del racismo: nuestra percepción de la diferencia entre los humanos y los (otros) animales no es menos ilógica y antiética que nuestra percepción instantánea de la diferencia ética entre, digamos, hombres y mujeres, o negros y blancos[14].

El problema con Singer no sólo es el hecho bastante evidente de que nosotros, los humanos ecológicamente conscientes, estamos protegiendo a las especies animales en peligro; nuestra meta última con respecto a los grupos humanos oprimidos y explotados no es solo la de "protegerlos", sino, sobre todo, capacitarlos para cuidarse por sí mismos y llevar una vida libre y autónoma. Lo que se pierde en este

---

[12] Badiou, op.cit., pág. 50.

[13] Ver Richard Rorty, *Contingencia, Ironía, Solidaridad*. Cambridge University Press, 1989.

[14] Ver Peter Singer, *Essential Singer: Writings on an Ethical Life*, Nueva York: Ecco Press 2000.

narrativismo darwinista es simplemente la dimensión de la Verdad — *no* la "verdad objetiva", en tanto una noción de la realidad desde un punto de vista que, de algún modo, flotaría por encima de la multitud de narrativas particulares. Sin la referencia a esta dimensión Universal de la verdad, finalmente todos nosotros seguimos siendo "los monos de Dios" (como lo escribiera Marx en su poema de 1841[15]), incluso en la versión progresista del darwinismo social de Singer. La apuesta de Lenin — hoy, en nuestra era de relativismo postmoderno, más actual que nunca — es que verdad universal y fidelidad, el gesto de tomar partido, no sólo no son mutuamente excluyentes, sino condición una de la otra: en una situación concreta, su verdad *universal* sólo puede articularse desde una posición completamente *partidaria* — la verdad es por definición unilateral. Esto, claro, va contra la *doxa* predominante de las soluciones de compromiso, del hallazgo de un término medio entre la multitud de intereses contradictorios. Si no se especifican los *criterios* de lo diferente, de lo alternativo, de la narrativización, entonces esta vía corre el peligro de adosar, al modo Políticamente Correcto, a "narrativas" ridículas como las de aquellos que gustan promulgar la supremacía de la sabiduría holística aborigen por sobre la ciencia, entendida esta última simplemente como otra narrativa más, en equivalencia con las superticiones premodernas. La respuesta leninista al "derecho a narrar" multiculturalista postmoderno, debe ser entonces una aserción lisa y llana del derecho a la verdad.

Cuando, en el desastre de 1914, casi todos los partidos Demócrata Sociales europeos sucumbieron al fervor de la guerra y votaron por los créditos militares, el rechazo completo de Lenin a la "línea patriótica", su aislamiento mismo con respecto al humor predominante, representaba la emergencia singular de la verdad de la situación entera.

[]

---

[15] Citado por Robert Payne, *Marx*, Nueva York: Simon & Schuster 1968, pág. 61.

Dos:
Revisión del materialismo

La verdad de Lenin es en última instancia la del materialismo, y, efectivamente, en el clima actual de oscurantismo *New Age*, puede parecer atractivo reafirmar la lección de *Materialismo y Empiriocriticismo* de Lenin: según la lectura popular contemporánea de la física cuántica, al igual que en tiempos de Lenin, la *doxa* opina que finalmente la ciencia superó el materialismo − se supone que la materia se ha "desvanecido", para disolverse en ondas inmateriales de campos de energía[16]. También es verdad (como ha subrayado Lucio Colletti), que la distinción que hace Lenin entre la noción científica de materia y el concepto filosófico de la misma, elimina la noción de "naturaleza en/ de la dialéctica": la noción filosófica de materia como una realidad que existe independientemente de la mente evita cualquier intervención de la filosofía en las ciencias. Sin embargo... el "sin embargo" concierne al hecho de que, en *Materialismo y Empiriocriticismo*, no hay *ningún lugar para la dialéctica*. ¿Cuáles son las tesis básicas de Lenin allí? Son: el rechazo a reducir el conocimiento a un instrumentalismo fenomenista pragmático (es decir, la afirmación de que, en el conocimiento científico, llegamos a conocer la forma en que las cosas existen, independientemente de nuestra mente — la famosa "teoría del reflejo"), junto a la insistencia en la naturaleza precaria de nuestro saber (que siempre es limitado, relativo, y "refleja" la realidad externa solamente mediante un proceso de aproximación infinito). ¿No suena esto familiar? ¿No es esta la posición básica de Karl Popper, el arquetípico anti-hegeliano de la tradición anglosajona, de la filosofía analítica? En su **31**

---

[16] Un esfuerzo althusseriano por salvar el empiriocriticismo de Lenin, puede encontrarse en Dominique Lecourt, *Une crise et ses enjeux*, París: Maspero 1973.

[17] Publicado por primera vez en 1990 en la revista semanal italiana *L'Espresso*, y reeditada luego en *Colletti, Fine della filosofia*, Roma: Ideazione 1996.

breve artículo *Lenin y Popper*[17], Colletti evoca que, en una carta privada de 1970, publicada por primera vez en *Die Zeit*, Popper escribió efectivamente: "el libro de Lenin sobre empiriocriticismo es, en mi opinión, verdaderamente excelente". Este núcleo materialista duro del *empiriocriticismo* persiste en los *Cuadernos Filosóficos* de 1915, a pesar del redescubrimiento de Hegel — ¿por qué? En sus *Cuadernos*, Lenin está luchando contra el mismo problema que Adorno en su "dialéctica negativa": cómo combinar el legado de Hegel de la crítica de toda inmediación, de la mediación subjetiva de toda objetividad dada, con el mínimo de materialismo que Adorno llama el "predominio de lo objetivo"; ésta es la razón por la cual Lenin todavía depende de la "teoría del reflejo", según la cual el pensamiento humano refleja la realidad objetiva:

> *Hay aquí realmente, objetivamente, tres instancias: 1) la naturaleza; 2) la cognición humana = el cerebro humano (como producto más alto de esta misma naturaleza), y 3) la forma de reflexión de la naturaleza en la cognición humana, y esta forma precisamente consiste en conceptos, leyes, categorías, etc. El hombre no puede comprender = reflejar = espejar la naturaleza en su conjunto, en su integridad, en su "totalidad inmediata"; sólo puede acercarse infinitamente a ella, creando abstracciones, conceptos, leyes, un cuadro científico del mundo, etc., etc.*[18]

Sin embargo, tanto Adorno como Lenin toman aquí el camino equivocado: la manera de afirmar el materialismo no es por vía de aferrarse al mínimo de realidad objetiva *fuera* de la mediación subjetiva del pensamiento, sino insistiendo en la *inherencia* absoluta del obstáculo externo que impide al pensamiento lograr la identidad plena consigo mismo. En el momento en que cedemos en este punto y externalizamos el obstáculo, retrocedemos a la pseudo–problemática del pensamiento que se acerca asintóticamente a una "realidad objetiva" siempre en retirada, no pudiendo nunca asir su complejidad infinita. El problema de la "teoría del reflejo" de Lenin reside en su idealismo implícito: su insistencia compulsiva en la existencia de la realidad material fuera o independientemente de la conciencia, debe ser leída como un desplazamiento sintomático, destinado a ocultar el hecho clave de que la *conciencia misma* es implícitamente postulada como *externa* a la realidad que supuestamente "refleja". La propia metáfora del acercamiento infinito al modo en que las cosas son, a la verdad objetiva, traiciona este idealismo: lo que esta metáfora omite considerar es el hecho de que la parcialidad (la distorsión) de la "reflexión subjetiva", ocurre precisamente porque el sujeto está *incluido* en el proceso que refleja — sólo una conciencia que observa el universo desde afuera vería toda la realidad "en la manera en que realmente es", es decir, un conocimiento "neutral" totalmente adecuado de la realidad implicaría nuestra ex–sistencia, nuestra externalidad con respecto a ella, del mismo modo que un espejo puede reflejar perfectamente un objeto sólo si es externo a él (cf. la teoría de Lenin de la cognición como espejo de la realidad objetiva[19]). No se trata de que la realidad existe independiente allí fuera, fuera de mí; el punto es que yo mismo estoy "allí fuera", formando parte de esa realidad[20].

---

[18] Ver V.I. Lenin, *Obras Completas*, Vol. 38, pág. 179. Debo este paralelo a Eustache Kouvelakis, París.

[19] En un pasaje de sus *Cuadernos*, Lenin bordea esta idea cuando nota que la "abstracción" misma del pensamiento, su fracaso en asir el objeto inmediatamente en su complejidad infinita, su distancia con respecto al objeto, su retraso con respecto a él, nos *acerca* más a lo que el objeto es efectivamente: la propia reducción "unilateral" del objeto a alguna de sus propiedades abstractas en el concepto, esta clara "limitación" de nuestro conocimiento (que sostiene el sueño de un conocimiento intuitivo total) es el ser mismo del conocimiento: "*el pensamiento que procede de lo concreto a lo abstracto - siempre que sea correcto (NB) (y Kant, como todos los filósofos, habla de pensamiento correcto) — no se aparta de la verdad sino que se acerca a ella. La abstracción de la materia, de una ley de la naturaleza, la abstracción del valor, etc., en resumen, todas las abstracciones científicas (correctas, serias, no absurdas) reflejan la naturaleza en forma más verdadera, completa y profunda. De la percepción viviente al pensamiento abstracto, y de éste a la práctica, — tal es el camino dialéctico de la cognición de la verdad, de la cognición de la realidad objetiva.*" (V.I. Lenin, op.cit., pág. 168). Lenin llega al límite — y luego retrocede a la noción evolutiva de acercamiento infinito a la realidad.

[20] Para ponerlo en términos brutales y directos: es evidente que "Lenin no entendió realmente a Marx" — la complejidad hegeliana de la "*Crítica de la economía política*" estaba más allá de su alcance como ninguna otra cosa; sin embargo, la paradoja es que sólo porque Lenin no "entendió a Marx" pudo organizar la Revolución de octubre, la primera revolución propiamente marxista. Lo que esto significa es que esta escisión ya debe haber operado en el propio Marx: si una ▶▶

La cuestión entonces no es si hay una realidad afuera e independiente de la conciencia, sino si la conciencia misma es externa e independiente de la realidad: por lo tanto, en lugar de la noción (implícitamente idealista) de Lenin de una realidad objetiva como existiendo "allí fuera", separada de la conciencia por las distintas capas de ilusiones y distorsiones, y que puede aproximarse cognoscitivamente sólo a través de un acercamiento infinito, debemos afirmar que el conocimiento "objetivo" de la realidad precisamente es imposible porque nosotros (la conciencia) siempre–ya somos parte de ella, estamos en su medio – lo que nos separa del conocimiento objetivo de la realidad es nuestra misma inclusión ontológica en ella.

Esto, por supuesto, de ninguna manera implica que la diferencia entre idealismo y materialismo no sea hoy más crucial que nunca; sólo se debe tener el cuidado de proceder de una manera verdaderamente leninista, discerniendo — a través del "análisis concreto de las circunstancias concretas" – por dónde pasa la línea de demarcación. Esta puede encontrarse incluso dentro del campo de la religión, donde el punto singular de la emergencia del materialismo está señalado por las palabras de Cristo en la cruz: "¿Padre, por qué me has abandonado?" — en este momento de desamparo total, el sujeto experimenta y asume totalmente la inexistencia del Otro. Más generalmente, la línea de demarcación es la que pasa entre la tradición "idealista" gnóstico–socrática que sostiene que la verdad está dentro de nosotros, sólo para ser (re)descubierta a través de un viaje interior, y la noción "materialista" judeo–cristiana de que la verdad sólo puede emerger a partir de un encuentro traumático externo, que sacude el equilibrio del sujeto. La "verdad" requiere de un esfuerzo en el que tenemos que luchar contra nuestra tendencia "espontánea". O, para poner el mismo argumento en una forma diferente, la posición materialista correcta (que extrae la consecuencia ontológica hegeliana radical a partir de las antinomias de Kant) es que no hay Universo total: en su totalidad, el Universo (el mundo) es Nada — todo lo que hay está dentro de esta Nada:

> El universo no surgió de la nada: el universo surgió dentro de la nada. Todo es nada, visto desde el interior. El mundo afuera es realmente nada visto desde dentro. Estamos dentro de la nada. Visto desde fuera, hay zilch, nada. Visto desde dentro, hay todo lo que sabemos: el universo entero[21].

La línea que separa el materialismo del idealismo es aquí muy delicada. Por una parte, está la tentación de leer esto al modo subjetivista (el universo "allí fuera" sólo surge cuando es percibido por la Mente); por otra parte, es posible la conclusión radical *inversa*: la conciencia está completamente incluida en los objetos observados. Es aquí que encontramos de nuevo la limitación de la "teoría del reflejo" de Lenin: sólo una conciencia que observa el universo desde fuera realmente vería la totalidad de la realidad de la manera en que es. La noción misma de un "universo entero" presupone la posición de un observador externo, que es imposible de ocupar. Para ponerlo en términos de Gilles Deleuze, lo que esto implica es un perspectivismo *absoluto*: la perspectiva parcial distorsionante está inscripta en la propia existencia material de las cosas. Esto es lo que significa que "no hay mundo": no hay "la verdadera realidad objetiva", ya que la realidad como tal surge de una perspectiva distorsionada, de una perturbación en el equilibrio del Vacío–nada primordial. En esto reside la homología entre Hegel y el pensamiento budista de Nagarjuna: Nagarjuna también afirma que el Vacío como realidad última no implica el rechazo global de los entes, sino simplemente el hecho de que cada entidad positiva es enteramente relacional, que surge en el vacío de las otras ausentes que la condicionan – solo llegamos al Vacío si intentamos concebir el mundo en su conjunto. También se puede afirmar esto en términos de epocalidad heideggerianos: "perspectivismo absoluto" significa que nuestro "mundo" siempre se nos descubre dentro de algún horizonte finito que se eleva contra el fondo de la auto–ocultación impenetrable del Ser. Cada descubrimiento ontológico es por definición parcial, distorsionado, una "errancia" del Ser, y esta limitación es su condición positiva de posibilidad.

▶ cierta ignorancia de la teoría de Marx es condición positiva para realizar una revolución marxista, entonces la teoría revolucionaria misma de Marx, aunque se perciba a sí misma como el momento teórico de una praxis revolucionaria global, tuvo que involucrar una brecha con respecto a la práctica revolucionaria, es decir, tuvo que errar en su percepción de las condiciones de la intervención revolucionaria.

[21] Tor Norretranders, *The User Illusion*, Harmondsworth: Penguin Books 1999, pág. 353.

Si hay una lección fundamental común a Hegel y Lacan, es exactamente lo contrario del saber común de que se deben descartar las apariencias superfluas y se debe ir hacia la esencia: las apariencias importan, las apariencias son esenciales. No se puede oponer de modo simple la forma en que la cosa es "en sí" y la forma en que se aparece a nuestra perspectiva reducida y parcial: esa apariencia tiene más peso que la cosa en sí misma, porque designa la manera en que la cosa en cuestión se inscribe en la red de sus relaciones con las otras. En el marxismo, la noción de "fetichismo de la mercancía" proporciona las coordenadas en las que las mercancías se aparecen a los sujetos, y *esta apariencia determina su estatuto social objetivo*; en psicoanálisis, el concepto de "fantasía" proporciona el marco en el que los objetos se aparecen al sujeto deseante, *y este marco constituye las coordenadas de lo que el sujeto experimenta como la "realidad"*.

En la relación propiamente hegeliana entre lo Finito y lo Infinito, no se puede partir de lo Finito y luego proceder a preguntarse cómo podemos pasar a lo Infinito – en el momento en que lo hacemos, en el momento en que partimos de lo Finito (y así lo reconocemos), ya perdemos el verdadero Infinito, que no es algo más allá de lo Finito sino nada más que la falta–en–ser del propio Finito, su auto–cancelación negativa. Es aquí que también Alain Badiou se equivoca, cuando insiste en la frontera estricta entre lo Político y lo Social (el dominio del Estado, de la historia), él concede demasiado — a saber que la *sociedad existe*. Contra esta concesión, uno debe sostener la tesis, articulada por Laclau y Mouffe[22], de que "la sociedad no existe", de que la sociedad no es un campo positivo, ya que la brecha de lo Político se inscribe en sus fundamentos mismos (el nombre dado por Marx para lo político que atraviesa todo el cuerpo social es "lucha de clases"). Badiou concede demasiado cuando acepta que hay el orden del Ser, y luego pasa a pensar cómo es posible un Acontecimiento. Del mismo modo que la Sociedad no existe, uno debe formular la tesis materialista básica de que "el mundo no existe" (o, en los términos de Badiou, que no hay orden de Ser[23]). Y lo mismo vale para la relación entre Necesidad y Libertad: no se debe afirmar primero la red causal de la necesidad, y luego preguntarse cómo es posible una ruptura en ella, cómo puede surgir la libertad. Aquí también puede localizarse claramente la ambigüedad de Kant, su oscilación entre materialismo e idealismo — no en el sentido usual (la constitución transcendental es el subjetivismo idealista, las cosas–en–sí son un resabio de materialismo), sino en la oscilación entre afirmar, *de una manera completamente inmanente*, la inexistencia del Mundo en su conjunto, y la idea de *otro* dominio noumenal de la libertad *detrás* de los fenómenos.

Desde Aristóteles y Aquino, el idealismo afirma la existencia de los objetos ónticos en el mundo, y postula luego a Dios como su límite/excepción externa, que garantiza su consistencia ontológica. Entonces, la fórmula del materialismo no es negar el más allá para afirmar que sólo existe el mundo de los objetos finitos fácticos "reales", sino sostener que ese mismo objeto "real" no tiene consistencia ontológica plena, que desde afuera, concebido en su conjunto, es nada. De nuevo, la fórmula del verdadero ateísmo no es "Dios no existe", sino "el mundo no existe". La existencia del mundo implica su excepción fundante, que es Dios. Aquí, debe insistirse en la estricta determinación hegeliana de la existencia como la apariencia de un Ser oculto: que el Mundo no existe significa que ninguna Esencia enterrada oculta aparece en o a través de él — de la misma manera, para Freud en su *Moisés y la religión monoteísta*, la verdadera fórmula del anti–antisemitismo es "El Judío (Moisés) no existe...". Aquí, el Lenin de *Materialismo y Empiriocriticismo*, con su insistencia en la existencia de los objetos fuera de la Conciencia, es secretamente *idealista*:

---

[22] Ernesto Laclau y Chantal Mouffe, *Hegemonía y Estrategia Socialista*, London: Reverse 1985.

[23] La noción de subjetivación en Badiou, como compromiso en favor de la Verdad, como fidelidad al acontecimiento–Verdad, está claramente en deuda con el compromiso existencial kierkegaardiano "que se experimenta como tomando todo nuestro ser. Los movimientos políticos y religiosos pueden tomarnos de esta manera, como las relaciones amorosas y, con toda seguridad, *vocaciones* tales como la ciencia y el arte. Cuando respondemos a semejante llamado con lo que Kierkegaard llama la *pasión infinita* — es decir, cuando respondemos aceptando un compromiso incondicional — este compromiso determina lo que nos será significativo para el resto de nuestra vida". (Hubert Dreyfus, *On Internet*, Londres: Routledge 2001, pág., 86). Lo que Dreyfuss enumera en este resumen de la posición de Kierkegaard son precisamente los cuatro dominios de Verdad en Badiou (política, amor, arte, ciencia) *más* la religión como su modelo "reprimido".

ese mundo plenamente constituido sólo puede surgir a través de la Conciencia inmaterial como su Excepción.

¿Qué pasaría si conectáramos esta idea con la (mal) afamada noción de Lenin en *¿Qué hacer?*, de que la clase obrera no puede alcanzar su adecuada conciencia de clase "espontáneamente", a través de su propio desarrollo "orgánico", es decir, de que esta verdad le tiene que ser introducida desde afuera (por los intelectuales del Partido)? Cuando cita en ese texto a Kautsky, Lenin hace un cambio significativo en su paráfrasis: mientras Kautsky dice que los intelectuales de clase no–trabajadora, que están *fuera de* la lucha de clases deben introducir la ciencia (proporcionando el conocimiento objetivo de la historia) a la clase obrera, Lenin habla de la *conciencia* que deben introducir los intelectuales, que están fuera de la lucha económica, ¡no fuera de la lucha de clases! Aquí está el pasaje de Kautsky que Lenin cita:

> /.../ *socialismo y lucha de clases surgen lado a lado y ninguno fuera del otro; cada uno surge bajo condiciones diferentes. /.../ El vehículo de la ciencia no es el proletariado, sino la intelectualidad burguesa /... / Así, la conciencia socialista es algo introducido en la lucha de clases proletaria desde fuera y no algo surgido espontáneamente dentro de ella[24].*

Y esta es la paráfrasis que Lenin hace de él:

> /.../ *todo culto a la espontaneidad del movimiento de la clase obrera, toda subestimación del papel del elemento consciente, del rol de la Social–Democracia, significa, en forma bastante independiente de si quien subestima ese rol lo desea o no, un fortalecimiento de la influencia de la ideología burguesa en los obreros. /.../ la única opción es — ideología burguesa o socialista. No hay término medio /.../ el desarrollo espontáneo del movimiento de la clase obrera lleva a su subordinación a la ideología burguesa /.../ ya que el movimiento espontáneo de la clase obrera es hacia el sindicalismo[25].*

Ambas citas pueden parecer equivalentes, pero no lo son: en Kautsky, no hay espacio para la política propiamente dicha, sino sólo la combinación de lo social (la clase obrera y su lucha, de la que están excluidos implícitamente los intelectuales) y el puro conocimiento neutral desclasado, asubjetivo, de estos intelectuales. En Lenin, por el contrario, los "intelectuales" están tomados por el conflicto de ideologías (es decir la lucha de clases en la ideología), que es insuperable. Entonces, cuando Lenin menciona el conocimiento que los intelectuales deben entregar desde afuera a los proletarios, todo depende del estatuto exacto de esta externalidad: ¿es simplemente la externalidad del científico imparcial "objetivo" que, después de estudiar la historia y establecer que, a la larga, la clase obrera tiene un gran futuro por delante, decide unirse al bando ganador? Cuando Lenin dice: "La teoría marxista es omnipotente porque es verdadera"[26], todo depende de cómo entendemos "verdad" aquí: ¿es la de un "conocimiento objetivo" neutral, o la verdad de un sujeto comprometido?

Es Brecht quien nos da una pista aquí. En lo que para algunos es la canción más problemática de *La medida tomada*, la celebración del Partido, Brecht propone algo mucho más singular y preciso de lo que puede parecer. Es decir, lo que parece es que Brecht está elevando al Partido a la categoría de la encarnación del Saber Absoluto, de un agente histórico que tiene la visión completa y perfecta de la situación histórica, un sujeto supuesto saber si existiera alguno: "Usted tiene dos ojos, ¡pero el Partido tiene mil ojos!". Sin embargo, una lectura más atenta de este poema arroja una luz algo diferente: en su reprimenda al joven comunista, el estribillo dice que el Partido no lo sabe todo, que el joven comunista puede tener razón en su diferencia con la línea predominante del Partido: "Muéstrenos el camino que debemos tomar/ y lo seguiremos a su modo/ pero no tome el camino correcto sin nosotros. / Sin nosotros, ese camino será el más falso. / No se separe de nosotros". Lo que esto significa es que la autoridad del Partido no está determinada por un saber positivo, sino por la *forma* de ese saber, de un nuevo tipo de saber que está ligado a un   **39**

---

[24] Citado de V.I. Lenin, *¿Qué hacer?*, Nueva York: International Publishers 1999, pág. 40.

[25] Lenin, op.cit., págs. 40–41.

[26] V.I. Lenin, *Collected Works*, Moscow: Progress Publishers 1966, Vol. 19, pág. 23.

sujeto político colectivo. El punto crucial en el que insiste el estribillo es simplemente que, si el joven camarada piensa que él tiene razón, él debe luchar a favor de su posición *dentro* de la forma colectiva del Partido, y no fuera de él — para decirlo de una forma algo patética, si el joven camarada tiene razón, entonces el Partido lo necesita aun más que a sus otros miembros. Lo que el Partido demanda es amarrar el "Yo" propio en el "Nosotros" de la identidad colectiva del Partido: luche con nosotros, luche por nosotros, luche por su verdad contra la línea del Partido, *pero no lo haga solo*, fuera del Partido. Exactamente de la misma manera que en la fórmula de Lacan del discurso del analista, lo que importa del saber del Partido no es su contenido, sino el hecho de que ocupa el lugar de la Verdad.

Esta mención de Lacan no es de ningún modo superflua, ya que el estatuto del saber en el psicoanálisis involucra la misma externalidad estructural. Lacan llamó la atención sobre el estatuto paradójico del *saber sobre el saber del Otro*. Recordemos la inversión que ocurre al final de la película de Edith Wharton *La Edad de la Inocencia*, en la que el marido, que durante largos años albergó un apasionado amor ilícito por la condesa Olenska, al final se da cuenta de que su joven esposa *supo* todo el tiempo de su pasión secreta. Quizás esto proporcione una manera de redimir los infortunios de *Los puentes de Madison*: si al final de la película, la agonizante Francesca se hubiese enterado de que su simple y mundano esposo *sabía* de su breve *affaire* apasionado con el fotógrafo de la *National Geographic* y cuánto esto significaba para ella, pero guardó silencio sobre el mismo para no herirla. En esto reside el enigma del saber: ¿cómo es posible que la economía psíquica entera de una situación cambie radicalmente, no cuando el héroe se entera directamente de algo (algún secreto reprimido durante mucho tiempo), sino cuando consigue saber que el otro (a quien tomó por ignorante) también sabía todo el tiempo y simplemente simuló no saber para guardar las apariencias? — ¿Hay algo más humillante que la situación de un marido en la que, después de una larga aventura amorosa secreta, de repente se da cuenta de que su esposa lo supo todo el tiempo pero se mantuvo callada al respecto por cortesía o, aun peor, por amor a él? A propósito de *Hamlet*, Lacan sostiene que la suposición de que el Otro no sabe mantiene la barra que separa el Inconsciente de la Consciencia[27] — En *La Edad de la Inocencia*, el héroe vive bajo la ilusión de que su gran deseo es vivir junto con el objeto de su pasión: lo que él no sabe (lo que él reprime en el inconsciente), y lo que se ve forzado a asumir cuando se entera de que el Otro (su esposa) también sabe, es el hecho de que él realmente no quiere abandonar a su familia y vivir con su amada — el verdadero objeto de su deseo era esa situación entera en la que sólo podía disfrutar de su pasión en secreto. Lo inconsciente no es el objeto de la pasión; lo inconsciente es la manera en que el sujeto se relaciona efectivamente con él, las condiciones bajo las que se aferra a ese objeto. Es precisamente cuando pienso que en lo profundo de mí sé (en mi pasión de que el Otro no sepa), que me engaño sobre el *dispositif* de esta pasión. Cuando un hombre casado tiene un *affaire* secreto y está convencido de que ya no ama a su esposa, cuán a menudo pasa que cuando, por alguna razón (divorcio, muerte de la esposa), él está finalmente en la posición de realizar su deseo, todo se viene abajo. O, aun más simplemente, cuando se entera de que su esposa sabe del asunto y le permite irse, él es incapaz de hacerlo...

¿Y por qué no relacionar estas dos externalidades (la del Partido con respecto a la clase obrera, y la del saber del Otro, por ej. en el amor o en el tratamiento psicoanalítico) a una tercera, la de la experiencia de lo Real divino? En los tres casos se trata de la misma imposibilidad, que da cuenta de un obstáculo materialista: no es posible que el creyente "descubra a Dios en sí mismo", a través de una auto–inmersión, desplegando espontáneamente su propio Yo — Dios debe intervenir desde afuera, perturbando nuestro equilibrio; no es posible que la clase obrera actualice su misión histórica espontáneamente — el Partido debe intervenir desde afuera, agitándolo para que rompa con su espontaneidad auto–indulgente; no es posible que el paciente/analista se analice a sí mismo — en contraste con la auto–inmersión gnóstica, en el psicoanálisis no hay ningún auto–análisis propiamente dicho, el análisis sólo es posible si un núcleo extranjero da cuerpo al objeto–causa del deseo. ¿Por qué, entonces, esta imposibilidad? Precisamente porque ninguno de los tres sujetos (el creyente, el proletario, el analista) es un agente centrado en sí mismo de auto–mediación, sino un agente descentrado que lucha contra un núcleo interior extranjero.

41

---

[27] Ver Jacques Lacan, *El deseo y su interpretación*, Seminario 6, Paidós.

Dios, el Analista, y el Partido son tres formas del "sujeto supuesto saber", del objeto transferencial, lo que explica por qué, en los tres casos, se escucha decir que "Dios/el analista/el Partido siempre tiene razón"; y, como ya estaba claro para Kierkegaard, la verdad de esta declaración siempre es su negativa — el *hombre* siempre está equivocado. Este elemento externo no simboliza ningún conocimiento objetivo, es decir, su externalidad es estrictamente interna: la necesidad del Partido parte de la premisa de que la clase obrera nunca está "completa en sí misma". El significado último de la insistencia de Lenin en esta externalidad es entonces que la conciencia de clase "adecuada" no surge "espontáneamente", que no corresponde a una "tendencia espontánea" de la clase obrera; al contrario, lo que es "espontáneo" es la percepción errónea de la propia posición social, de manera que la conciencia de clase "adecuada" tiene que ser elaborada a través de un duro trabajo dialéctico. Aquí, de nuevo, la situación es homóloga a la del psicoanálisis: como Lacan resalta una y otra vez, no hay ningún *Wissenstrieb* (pulsión epistemofílica) primordial: la actitud humana espontánea es la de *je n'en veux rien savoir* — no quiero saber nada de eso, y, lejos de realizar nuestra tendencia más profunda, el tratamiento psicoanalítico debe ir "contra la corriente"[28].

Se puede apuntar a lo mismo en términos de la oposición entre *interpretación* y *formalización*[29]: el agente externo (el Partido, Dios, el analista) no es el que "nos entiende mejor que nosotros mismos", quien puede proporcionar la verdadera interpretación de lo que nuestros actos y declaraciones significan; él simboliza más bien la *forma* de nuestra actividad. ¿Qué es, entonces, esta Forma? Permítasenos tomar el argumento "revisionista" de Ernst Nolte acerca de la relación entre el nazismo y el comunismo (soviético): reprensible como lo fue, el nazismo no sólo apareció después del comunismo; fue también una *reacción* excesiva con respecto a su contenido, a la amenaza comunista. Además, todos los horrores cometidos por el nazismo eran ya meramente una copia de los horrores cometidos por el comunismo soviético: el reino de la policía secreta, los campos de concentración, el terror genocida... ¿Es de esta Forma de la que estamos hablando? ¿Se trata de que el comunismo y el nazismo comparten la misma Forma totalitaria, y que la diferencia sólo concierne a los agentes empíricos que ocupan lugares estructurales equivalentes ("los judíos" en lugar de "el enemigo de clase", etc.)? La reacción liberal usual hacia Nolte consiste en un chillido moralista: Nolte relativiza el nazismo, reduciéndolo a un eco secundario del Mal comunista — sin embargo, ¿cómo se puede incluso comparar el Comunismo, ese frustrado esfuerzo de liberación, con el Mal radical del nazismo? En contraste con esta renegación, debemos conceder completamente a Nolte su argumento central: sí, el nazismo fue efectivamente una reacción a la amenaza comunista; efectivamente sólo reemplazó la lucha de clases por la lucha entre arios y judíos — el problema, sin embargo, reside en este "sólo", que de ningún modo es tan inocente como aparece. Estamos tratando aquí con el desplazamiento /*Verschiebung*/, en el sentido freudiano del término: el nazismo desplaza la lucha de clases hacia la lucha racial, y por eso ofusca su verdadero sitio. Lo que cambia en el pasaje del comunismo al nazismo es la Forma, y en este cambio de Forma es que reside la mistificación ideológica nazi: la lucha política se naturaliza en la forma de un conflicto racial, el antagonismo (de clase) inherente al edificio social se reduce a la invasión de un cuerpo extraño (judío), que perturba la armonía de la comunidad aria. Así, a la vez que puede admitirse completamente que el nazismo sólo puede ser entendido como una reacción a la amenaza del comunismo (soviético), como una repetición desplazada del universo ideológico comunista, la Forma que determina el funcionamiento concreto del nazismo no debe localizarse en la noción abstracta de "totalitarismo", que abarcaría al comunismo y al nazismo como sus dos casos particulares, sino en el mismo desplazamiento que el nazismo impone a las coordenadas comunistas. Esta noción de Forma es la propiamente dialéctica: la Forma no es un marco neutro para

---

[28] Esta actitud de *je n'en veux rien savoir* ("no quiero saber nada de eso"), se ejemplifica quizás mejor con las escenas de las películas de espías o crímenes ordinarias: un espía o delincuente agonizante ofrece a un hombre común que está accidentalmente allí, en el momento equivocado en el lugar equivocado, cierta información prohibida (información hablada, una cinta, una fotografía...). El espectador inocente es bien consciente de que este saber es peligroso, contagioso y potencialmente letal, por lo que él se horroriza ante la perspectiva de su posesión. Hay situaciones en las que lo más terrible que un enemigo nos puede hacer es conferirnos un trozo de tal saber prohibido.

[29] Debo esta distinción a Alain Badiou (conversación privada).

contenidos particulares, sino el principio mismo de su concreción, es decir, el "atractor extraño" que distorsiona, sesga, confiere un color específico a cada elemento de la totalidad. En otros términos, la formalización implica estrictamente cernir lo Real de un antagonismo. En la perspectiva marxista, la "lucha de clases" no es el horizonte de significación último, el significado último de todos los fenómenos sociales, sino la matriz generadora formal de los diferentes horizontes ideológicos de comprensión. Es decir, no debe confundirse esta noción propiamente dialéctica de Forma, con la noción liberal–multiculturalista de Forma como el armazón neutro de la multitud de "narrativas" — no sólo la literatura, sino también la política, la religión, la ciencia, serían narrativas diferentes, historias que estamos contándonos sobre nosotros mismos, y la meta última de la ética sería garantizar el espacio neutro en que esta multitud de narrativas pueda coexistir apaciblemente, en la que todos, desde las minorías étnicas hasta las sexuales, tengan el derecho y la posibilidad de contar su historia. La noción propiamente dialéctica de Forma señala precisamente la *imposibilidad* de esta noción liberal de Forma: la Forma no tiene nada que ver con el "formalismo", con la idea de una Forma neutra, independiente de su contenido particular contingente; representa más bien el núcleo traumático de lo Real, el antagonismo que "colorea" el campo entero en cuestión. En este sentido preciso, el lucha de clases es la Forma de lo Social: cada fenómeno social está sobredeterminado por ella, lo que significa que no es posible permanecer neutro hacia ella.

También es aquí que debe introducirse la importante distinción dialéctica entre la figura *fundante* de un movimiento y la figura que posteriormente *formalizó* ese movimiento: Lenin no sólo "tradujo adecuadamente la teoría marxista a la práctica política" — él más bien "formalizó" a Marx, por la vía de definir al Partido como la forma política de su intervención histórica, del mismo modo que San Pablo "formalizó" a Cristo, y Lacan "formalizó" a Freud.

[]

Tres:
La grandeza interna del estalinismo

Cuando, después de la muerte de Lenin, el marxismo se escindió en el marxismo soviético oficial y el marxismo llamado occidental, ambos leyeron mal esta externalidad del Partido, considerándola como la posición del conocimiento objetivo neutro – tras los pasos de Kautsky, el marxismo soviético adoptó simplemente esta posición, mientras los marxistas occidentales la rechazaron como la legitimación teórica de la regla "totalitaria" del Partido. Los pocos marxistas libertarios que quisieron redimir — parcialmente, por lo menos – a Lenin, tendieron a oponer al Lenin jacobino–elitista "malo" del *¿Qué hacer?*, que confiaba en el Partido como la elite intelectual profesional que ilumina *desde afuera* a la clase obrera, el Lenin "bueno" de *El Estado y la Revolución*, que tuvo la visión de abolir el Estado, el de las grandes masas que toman directamente en sus manos la administración de los asuntos públicos. Sin embargo, esta oposición tiene sus límites: la premisa clave de *El Estado y la Revolución* es que no se puede "democratizar" totalmente el Estado, que el Estado "como tal", en su noción misma, es una dictadura de una clase sobre la otra; la conclusión lógica de esta premisa es que, *en la medida en que todavía estamos dentro del dominio del Estado*, estamos legitimados para ejercer el terror violento, ya que, dentro de este dominio, toda democracia es un fraude. De manera que, como el Estado es un instrumento de opresión, no vale la pena tratar de mejorar sus aparatos: protección del orden legal, elecciones, leyes que garantizan las libertades personales... — todos esto se vuelve irrelevante[30].

---

[30] Una de las estrategias desesperadas para redimir el potencial utópico del siglo XX es afirmar que, si siglo XX pudo generar un Mal sin precedentes (el holocausto y gulag), proporcionó por ello mismo una prueba negativa de que tal exceso también puede canalizarse en la dirección opuesta, es decir, que el Bien radical es también ▸▸

El núcleo de verdad de estos reproches a Lenin es que la constelación única de acontecimientos que posibilitó la toma revolucionaria del poder en octubre de 1917, no puede separarse de su posterior giro "estalinista": la misma constelación que hizo posible la Revolución (el descontento de los campesinos, una elite revolucionaria bien organizada, etc.) condujo al giro "estalinista" como su consecuencia — en ello reside propiamente la tragedia leninista. La famosa alternativa de Rosa Luxemburgo: "socialismo o barbarie", terminó como el juicio infinito último, afirmando la identidad especulativa de las dos condiciones opuestas: el socialismo "realmente existente" *fue* la barbare.

En los diarios de Georgi Dimitroff, publicados recientemente en alemán[31], se puede ver que Stalin era totalmente consciente de lo que lo trajo al poder, dando un giro inesperado a su muy conocido eslogan "el pueblo es nuestra más grande riqueza". Cuando, en una cena en noviembre de 1937, Dimitroff alaba la "gran suerte" de los obreros internacionales, de tener un líder con el genio de Stalin, Stalin le contesta: "... *No estoy de acuerdo. Incluso se expresó de una manera no marxista. /.../ Lo decisivo son los cuadros medios"* (7.11.37). Lo dice de una manera aun más clara un párrafo antes: "¿Por qué le ganamos a Trotsky y a los otros? Se sabe bien que, después de Lenin, Trotsky era el más popular en nuestra tierra. /.../ Pero nosotros tuvimos el apoyo de los cuadros medios, y ellos explicaron nuestra visión de la situación a las masas... Trotsky no prestó atención a estos cuadros". Aquí Stalin reveló el secreto de su ascenso al poder: como Secretario General, nombró decenas de miles de cuadros, que le debían su promoción... Esa es la razón por la cual Stalin no quería a Lenin muerto todavía a principios de 1922, rechazando su pedido de que se lo envenene para acabar con su vida, después de quedar debilitado por un ataque cardíaco: si Lenin hubiera de morirse a principios de 1922, la cuestión de su sucesión no sería aun resuelta a favor de Stalin, ya que Stalin como Secretario General no había penetrado todavía el aparato del Partido lo suficiente con sus personas designadas — él necesitaba otro año o dos para que, cuando Lenin efectivamente muriese, pudiera contar con el apoyo de miles de cuadros de nivel medio nombrados por él, para impulsarse por encima de los viejos grandes nombres de la "aristocracia" bolchevique.

Por consiguiente, ya no puede sostenerse el ridículo juego de oponer el terror estalinista al "auténtico" legado leninista, traicionado por el estalinismo: "Leninismo" es una noción completamente estalinista. El gesto de proyectar el potencial emancipatorio–utópico del estalinismo hacia atrás, en un tiempo precedente, señala así la incapacidad del pensamiento para soportar "la contradicción absoluta", la tensión insoportable, inherente al propio proyecto estalinista[32]. Por lo tanto, es crucial distinguir el "leninismo" (en tanto núcleo auténtico del estalinismo) de la práctica política e ideología fácticas del periodo de Lenin: la grandeza real de Lenin *no* es lo que dice el mito estalinista sobre el leninismo. ¿Y qué responder al contrargumento evidente de que exactamente lo mismo vale para cada ideología, inclusive la del nazismo, que también, percibido desde dentro, despliega una "grandeza interna" que sedujo incluso a un filósofo excelente como Heidegger? La respuesta debería ser simplemente un resonante *no es así*: el punto a sostener es precisamente que el nazismo no contiene ninguna "grandeza interna" auténtica.

Si se quiere ver el arte estalinista en su más pura expresión, un nombre es suficiente: Brecht. Badiou tenía razón al afirmar que *"Brecht era un estalinista, si, como debe hacerse, uno entiende el estalinismo como la fusión de la política y la filosofía del materialismo dialéctico bajo la jurisdicción de ésta última. O, permítasenos decir que Brecht practicó un platonismo estalinizado"*[33]. Esto es a lo que apunta en última instancia el teatro "anti–aristotélico" de Brecht: un teatro Platónico en el que se permite el encanto estético de una manera estrictamente controlada, para transmitir una Verdad filosófico–política que le es

---

▶ factible... Sin embargo, ¿y si esta oposición es falsa? ¿Y si se tratase de una identidad más profunda? ¿Y si el Mal radical del siglo XX fuera precisamente el resultado de los esfuerzos por realizar directamente el Bien radical?

47

[31] Georgi Dimitroff, *Tagebuecher* 1933–1943, Berlín: Aufbau Verlag 2000.

[32] Uno de los pocos historiadores preparados para confrontar esta tensión insoportable es Sheila Fitzpatrick, quien puntualizó que el año 1928 fue un punto de viraje crucial, una verdadera segunda revolución; no una especie de "Thermidor" sino más bien la radicalización consecuente de la Revolución de octubre. Ver *Estalinismo. Nuevas Direcciones*, editado por Sheila Fitzpatrick, Londres: Routledge 2001.

[33] Alain Badiou, *Petit manuel d'inesthetique*, París: Ediciones Seuil 1998, pág. 16.

externa. El extrañamiento brechtiano significa que "la semblanza estética tiene que distanciarse de sí misma, para que, en esa brecha, la objetividad externa de lo Verdadero se despliegue"[34]. Así, cuando Badiou dice que "el extrañamiento es un protocolo de vigilancia filosófica"[35], uno debe conferir sin ambagues a este término toda su connotación policíaca. El juego ridículo de oponer un Brecht "disidente" al comunismo estalinista no tiene razón de ser: Brecht *es* el último artista "estalinista", él no era grande a pesar de su estalinismo, sino debido a él. ¿Realmente necesitamos pruebas? Hacia fines de los años treinta, Brecht conmocionó a los invitados de una fiesta en Nueva York, afirmando sobre un acusado en los juicios públicos de Moscú: "Cuanto más inocentes son, más merecen ser fusilados"[36]. Esta declaración debe ser tomada muy en serio, y no como la de un desvergonzado perverso: su premisa subyacente es que, en una lucha histórica concreta, la actitud de presunta "inocencia" ("no quiero ensuciar mis manos involucrándome en la lucha, apenas quiero llevar una vida modesta y honrada") encarna la culpa mayor. En nuestro mundo, no hacer nada no es sin consecuencias, tiene ya un significado — significa decir "sí" a las relaciones existentes de dominación. Ese es el porqué, a propósito de los juicios de Moscú, Brecht — admitiendo que los métodos de prosecución no eran muy gentiles — se hizo la pregunta: ¿es posible imaginar que un comunista honrado y sincero, que mantenía sus dudas sobre la política de industrialización rápida de Stalin, efectivamente terminara buscando la ayuda de los servicios secretos extranjeros y comprometiéndose en complots terroristas contra la dirección estalinista? Su respuesta fue "sí", y propuso una reconstrucción detallada de su razonamiento.

No sorprende entonces que, cuando en camino de su casa al teatro en julio de 1956, Brecht pasó al lado de una columna de tanques soviéticos que rodaban hacia el *Stalinallee* para aplastar una rebelión de trabajadores, los saludó con su mano y más tarde ese día escribió en su diario que, en ese momento, por primera vez en su vida (no habiendo sido nunca miembro del Partido) estuvo tentado de enrolarse en el Partido Comunista[37] — ¿no es éste un caso ejemplar de lo que Alain Badiou ha llamado *la passion du reel*, que define el siglo XX? No es que Brecht tolerara la crueldad de la lucha con la esperanza de que ésta traería un futuro próspero: la crudeza de la violencia presente como tal era percibida y advocada como signo de autenticidad. Para Brecht, la intervención militar soviética contra los obreros de Berlín Oriental no apuntó a los obreros, sino a los "elementos fascistas organizados" que se aprovechaban del descontento de los obreros; por esta razón, él afirmó que la intervención soviética efectivamente previno una nueva guerra mundial[38]. Incluso a nivel personal, a Brecht "realmente le gustaba Stalin"[39], y desarrolló una línea de argumentación que justificaba la necesidad revolucionaria de la dictadura de un solo individuo[40]; su reacción a la "desestalinización" del XXavo Congreso del Partido Comunista Soviético de 1956 fue: "Sin el conocimiento de la dialéctica, el pasaje de Stalin como motor a Stalin como obstáculo no puede entenderse"[41]. En resumen: en lugar de renunciar a Stalin, Brecht jugó el juego pseudo–dialéctico de "lo que antes, en los años treinta, era progresista, ahora (en los años cincuenta) se convirtió en un obstáculo...". Casi estaríamos tentados de leer el momento de la muerte de Brecht (otoño de 1956, justo después del XXavo Congreso del Partido Soviético y antes del levantamiento húngaro) como oportuno: la misericordia de la muerte le impidió tener que confrontar todo el dolor de la "desestalinización".

Si queremos comprender verdaderamente a Brecht, debemos estudiar la gran *troika* musical alemana estalinista: Brecht (letra),

---

[34] Ibid.

[35] Ibid.

[36] Citado en Sydney Hook, *Out of Step*, Nueva York: Dell 1987, pág. 493.

[37] Ver Carola Stern, *Maenner lieben anders. Helene Weigel und Bertolt Brecht,* Reinbek Hamburgo: Rowohlt 2001, pág. 179.

[38] Bertolt Brecht, *Gesammelte Werke*, Ata 20, Frankfurt: Suhrkamp Verlag 1967, pág. 327.

[39] *The Cambridge Companion to Brecht*, editado por Peter Thomson, Cambridge: Cambridge University Press 1994, pág. 162.

[40] Véase Bertolt Brecht, *Ueber die Diktaturen eizelner Menschen*, en Schriften, Vol. 2, Frankfurt: Suhrkamp Verlag 1973, pág. 300–301.

[41] Bertolt Brecht, *Gesammelte Werke*, Ata 20, pág. 326.

Hanns Eisler (música), Ernst Busch (ejecución). Para convencerse de la grandeza auténtica del proyecto estalinista, basta escuchar una de las grabaciones supremas del siglo XX, las *Grabaciones Históricas* de Hanns Eisler (Clásicos de Berlín, LC 6203), con (la mayoría de) las letras de Brecht y (la mayoría de) las canciones ejecutadas por Busch. En lo que es posiblemente su logro supremo, la canción *Im Gefaengnis zu singen* de *Die Mutter*, se alude directamente a la brecha entre la descomposición simbólica del oponente y su derrota real, cuando el obrero Pawel encarcelado se dirige a los que están en el poder:

> *Tienen códigos y reglamentos*
> *tienen prisiones y fortalezas /... /*
> *tienen guardiacárceles y jueces*
> *bien pagos y dispuestos a cualquier cosa.*
> *¿Para qué? /...l*
> *Antes de que desaparezcan, y eso pasará pronto,*
> *Habrán notado que todo eso era inútil.*
>
> *Tienen periódicos e imprentas*
> *Para combatirnos y tenernos quietos /... /*
> *tienen sacerdotes y profesores*
> *bien pagos y dispuestos a cualquier cosa.*
> *¿Para qué?*
> *¿Realmente tienen tanto miedo a la verdad?*
>
> *Tienen tanques y fusiles*
> *Armas tommy y granadas de mano /... /*
> *tienen policías y soldados*
> *bien pagos y dispuestos a cualquier cosa.*
> *¿Para qué?*
> *¿Realmente tienen enemigos tan poderosos? /...l*
> *Algún día, y ese día vendrá pronto,*
> *Verán que todo eso no les sirvió de nada*[42].

La derrota real del enemigo es precedida por su descomposición simbólica, por la súbita visión de que la lucha no tiene sentido, y todas las armas y herramientas a su disposición no sirven de nada. En ello reside la apuesta principal de la lucha política: por razones estructurales *a priori* y no sólo debido a algún cálculo erróneo contingente, el enemigo percibe erradamente las coordenadas de la situación global y reúne las fuerzas equivocadas en el lugar equivocado. Dos recientes ejemplos: ¿a qué apuntaba el aparato represivo del Shah en 1979, cuando se enfrontó con el movimiento popular de Khomeini? Simplemente se derrumbó. ¿Y de qué sirvió la sobrepasada red de agentes e informantes *Stasi* a la *nomenklatura* comunista de Alemania Oriental en 1989, cuando se enfrentó a las protestas masivas? Los grandes regímenes opresivos nunca son derrotados en una confrontación frente a frente — en cierto punto, cuando el "viejo gusano" completa su trabajo subterráneo de desintegración ideológica interna, simplemente se derrumban. – Además de la sublime obra maestra: "*Alabanza del Comunismo*" ("la más simple, que es la más difícil de lograr"), la tercera canción más importante de *La Madre* es *La canción del parche y del vestido*, que empieza con un retrato irónico de los filántropos urgidos de ayudar a los pobres:

> *Cuando nuestro vestido está andrajoso*
> *usted siempre viene corriendo y dice: esto ya no puede seguir así*
> *¡Esto debe remediarse, y por todos los medios que sean necesarios!*
> *Y, lleno de celo, usted corre hacia los amos*
> *Mientras nosotros esperamos, congelándonos.*
> *Y usted regresa, y triunfalmente*
> *Nos muestra lo que ganó para nosotros:*
> *Un parche pequeño.*
> *Está bien, éste es el parche*
> *¿Pero dónde está*
> *el vestido entero?*[43]

Después de que esta pregunta retórica se repite a propósito del pan ("Está bien, esto es una rodaja de pan, ¿pero dónde está el pan

---

[42] Bertolt Brecht, *Die Mutter*, Frankfort: Suhrkamp 1980, pág. 47–48.

[43] Ibid, p. 21–22

entero?"[44]), la canción acaba en una explosión aplastante de demandas ("... necesitamos la fábrica entera, y el carbón y la mena y el poder del Estado") — el momento propiamente revolucionario en el que el *quid pro quo* de intercambios con los que están en el poder se rompe, y los revolucionarios afirman brutalmente que ellos quieren *todo*, no sólo alguna "mera" parte... Brecht está aquí en las antípodas de Georg Lukacs, precisamente en la medida en que Lukacs, el humanista europeo "blando", jugó el papel de "disidente de armario", emprendiendo una "guerra de guerrillas" contra el estalinismo, incluso uniéndose al gobierno de Imre Nagy en 1956, poniendo en peligro su existencia física. En contraste con Lukacs, Brecht fue insoportable para el *establishment* cultural estalinista precisamente debido a su misma "super–ortodoxia" — no hay ningún lugar para *La Medida Tomada* en el universo cultural del estalinismo. Si el joven Lukacs de *Historia y Conciencia de Clase* fue el filósofo del momento histórico de Lenin, después de los años treinta se convirtió en el filósofo estalinista ideal que, por esa misma razón, en contraste con Brecht, se perdió la verdadera grandeza del estalinismo.

[]

---

[44] Como es usual, Brecht toma prestado aquí de una canción anterior de Busch, la *Balada de la Caridad*, compuesta por Eisler en 1930, con letra de Kurt Tucholsky; el estribillo de la canción decía: *"Gut, das ist der Pfennig, und wo ist die Mark?"*

Cuatro:
Lenin escuchando Schubert

Los críticos anti–comunistas que insisten en la continuidad entre Lenin y el estalinismo esgrimen, como uno de sus argumentos principales, la supuesta insensibilidad de Lenin para con la dimensión humana universal: no sólo habría percibido todos los acontecimientos sociales a través de las lentes estrechas de la lucha de clases, del "nosotros contra ellos"; también habría sido, como persona, insensible hacia el sufrimiento humano de los individuos concretos. El punto de referencia favorito de estos críticos es la famosa reacción paranoica de Lenin al escuchar la *Apassionata* de Beethoven (él primero empezó a llorar, luego afirmó que un revolucionario no podía permitirse el lujo de dejar salir tales sentimientos, porque ello lo hacía demasiado débil, como para dar palmaditas a los enemigos en lugar de combatirlos implacablemente); esto es tomado como prueba de su frío autodominio y crueldad — sin embargo, incluso en sus propios términos, ¿este accidente es efectivamente un argumento *contra* Lenin? ¿No atestigua más bien una sensibilidad extrema por la música, que necesita ser resguardada para continuar con la lucha política? ¿Cuál de los políticos cínicos de hoy todavía despliega aunque sea un vestigio mínimo de semejante sensibilidad? ¿No se halla Lenin aquí en el extremo opuesto al de los nazis de alto rango que, sin ninguna dificultad, combinaban semejante sensibilidad con la crueldad más extrema en la toma de decisiones políticas? (baste recordar a Heydrich, el arquitecto del holocausto que, después de un duro día de trabajo, siempre encontraba tiempo para escuchar con sus compañeros los cuartetos de cuerdas de Beethoven) — ¿no prueba la humanidad de Lenin el hecho de que, en contraste con este barbarismo supremo que reside en la serena unidad de la alta cultura y la barbarie política, él fuera todavía sumamente sensible al antagonismo irreductible entre el arte y las luchas de poder?

Más aun, se podría desarrollar una teoría leninista de este barbarismo culto. La excelente grabación que realizó Hans Hotter en 1942 del *Winterreise* de Schubert, parece requerir una lectura intencionalmente anacrónica: es fácil imaginar a los oficiales y soldados alemanes escuchando esta grabación en las trincheras de Stalingrado, durante el frío invierno de 1942–1943. ¿No evoca el tema de *Winterreise* una consonancia única con ese momento histórico? ¿No fue la campaña entera a Stalingrado un gigantesco *Winterreise*, donde cada soldado alemán podría decir acerca de sí mismo las primeras líneas del ciclo: "Vine aquí un extranjero, como un extranjero me voy"? ¿Y los versos siguientes no retratarían su experiencia más íntima: "Ahora el mundo es tan oscuro, El camino se amortajó de nieve. No puedo elegir el tiempo para empezar mi jornada, debo encontrar mi propio camino en esta oscuridad"? Tenemos aquí la interminable marcha sin sentido y el sueño de volver a casa para la primavera:

> *Arde el suelo bajo mis dos pies,*
> *aunque camino sobre hielo y nieve;*
> *no quiero contener la respiración*
> *hasta no poder ver las espiras.*
> *Soñé con flores multicolores,*
> *como florecen en mayo;*
> *soñé con prados verdes,*
> *inundados por el canto de los pájaros.*

Luego, la espera ansiosa del relevo y el miedo al ataque de la artillería por la mañana:

> *Desde el camino central suena una sirena.*
> *¿por qué brincas tan alto, mi corazón?*
> *(...)*
> *Jirones de nube baten*
> *en hastiada disputa.*
> *y rojas llamas ardientes*
> *precipitan a su alrededor.*

Absolutamente exhaustos, a los soldados se les niega incluso la soledad de la muerte:

Muy cansado para dejarme caer, estoy herido de muerte.
¿Oh, posada implacable, me rechaza usted?
¡Bien, adelante entonces, más lejos aun, mis fieles caminantes!

¿Qué puede uno hacer en semejante situación desesperada, sino seguir con persistencia heroica, cerrando los oídos a las quejas del corazón, asumiendo la pesada carga del destino, en un mundo abandonado por los Dioses?

Si la nieve vuela sobre mi cara,
la sacudo una vez más.
Cuando el corazón habla en mi pecho,
canto ruidosa y gallardamente.
No oigo lo que me dice,
no tengo oídos para escuchar;
no siento sus lamentos,
quejarse es para los necios.
¡Feliz cruzando el mundo
contra vientos y climas!
¡Si no hay Dios en la tierra,
entonces nosotros somos los Dioses!

Una objeción evidente sería que todo esto es meramente un paralelo superficial: aun cuando hay un eco de la atmósfera y las emociones, ambos momentos están insertos en contextos completamente diferentes: en Schubert, el narrador vagabundea en el invierno porque su amada lo ha rechazado, mientras los soldados alemanes se hallaban camino a Stalingrado debido a los planes del ejército de Hitler. Sin embargo, es precisamente en este desplazamiento que hallamos el funcionamiento ideológico elemental: la única manera para un soldado alemán de poder soportar su situación habría sido evitar toda referencia a las circunstancias sociales concretas que pudieran visibilizarse a partir de la reflexión (¿qué demonios estaban haciendo en Rusia? ¿qué destrucción traían a ese país? ¿y qué hay sobre matar a los judíos?). En su lugar, era más fácil complacerse en el lamento romántico del propio destino miserable, como si la gran catástrofe histórica apenas materializara el trauma de un amante rechazado. ¿No es esta la prueba suprema de la abstracción emocional, de la idea de Hegel de que las emociones son *abstractas*, una fuga de la red socio–política concreta, accesible sólo al pensamiento?

Y estamos tentados de dar aquí un paso más: en nuestra lectura del *Winterreise*, no tratamos simplemente de relacionar a Schubert con una catástrofe histórica contingente, no es que simplemente intentemos imaginar cómo hubiera resonado esta canción en los combatientes alemanes de Stalingrado. ¿No podría ser que esta relación nos permitiera leer el síntoma de la posición romántica de Schubert? ¿No es la posición trágica del héroe romántico, centrado narcisísticamente en su propio sufrimiento y desesperanza, haciendo de éstos incluso una fuente de goce, no es esta posición en sí misma una farsa, una pantalla ideológica que enmascara el verdadero trauma de la realidad histórica mayor? Deberíamos realizar aquí el gesto propiamente hegeliano de *proyectar* sobre el propio texto original la escisión entre el texto auténtico original y su lectura posterior, a la luz de circunstancias históricas contingentes: lo que al principio parece una distorsión secundaria, una lectura inducida por circunstancias contingentes externas, nos dice algo sobre lo que el propio original no sólo reprime, deja fuera, sino sobre lo que tenía por función reprimir. En esto residiría la respuesta leninista al famoso pasaje de la *Introducción* al manuscrito de los *Grundrisse*, en el que Marx señala que "la dificultad no reside en comprender que la épica y las artes griegas están ligadas a ciertas formas de desarrollo social. La dificultad está en que todavía nos proporcionan un goce estético, y que en cierto sentido se nos presentan como norma y modelo inalcanzable"[45]. Esta atracción universal tiene su fuente en su misma función ideológica, que es la de permitir abstraernos de nuestra constelación ideológico–política concreta, por vía de refugiarnos en un contenido "universal" (emocional). Así, lejos de indicar algún tipo de herencia trans–ideológica de la humanidad, la atracción universal de un Homero no reposaría en otra cosa que en el gesto universalizante de la ideología.

¿Significa esto que toda referencia patética a un universal de la humanidad es por definición ideológica? La apelación de Lenin contra el fervor patriótico durante el Primera Guerra Mundial, ¿no sería por el contrario un caso ejemplar de lo que Alain Badiou llama la función universal de "la humanidad", que no tiene nada en absoluto que ver con el llamado "humanismo"[46]? Esta "humanidad" no es una abstracción nocional, ni la aserción imaginaria de un *pathos* de hermandad omniabarcador, sino una función universal que se actualiza en experiencias extáticas únicas, como las de los soldados de trincheras opuestas que comienzan a fraternizar. En la legendaria novela cómica de Jaroslav Hasek, *El buen soldado Schwejk*, en la que se narran las aventuras de un soldado checo ordinario que socava el orden dominante simplemente por cumplir las órdenes demasiado literalmente, hay una escena en la que el personaje se encuentra en las trincheras en el frente de Galicia, donde el ejército austríaco está enfrentando a los rusos. Cuando los soldados austríacos empiezan a disparar, el desesperado Schwejk corre desde su trinchera hacia la tierra de nadie de enfrente, agitando sus manos desesperadamente y gritando: "¡No disparen! ¡Hay hombres del otro lado!". Esto es a lo que Lenin estaba apuntando en su llamada a detener la lucha, dirigida a los campesinos y otras masas populares hacia el verano de 1917, malinterpretada por sus detractores como parte de una estrategia despiadada para conseguir el apoyo popular y ganar así el poder, aun a costa de la derrota militar de su propio país (recuérdese el típico argumento de que cuando, en la primavera de 1917, Lenin consiguió pasar en un tren sellado a través de Alemania en su ruta desde Suiza a Suecia, Finlandia y luego Rusia, estaba funcionando *de facto* como un agente alemán). Lo que esta función universal resquebraja, puede ejemplificarse mejor en el acontecimiento siniestro que tuvo lugar la tarde del 7 de noviembre de 1942, cuando, en su tren especial que viajaba a través de Thuringia, Hitler se encontraba discutiendo las noticias principales del día con varios ayudantes en el coche–comedor; como las incursiones aéreas aliadas habían dañado las vías, el tren frecuentemente se demoraba:

Mientras la cena era servida en una exquisita porcelana, el tren **57**
se detuvo una vez más a un costado. Unos metros más allá, un tren
hospital marcaba la hora, y desde sus cuchetas dispuestas en gradas

---

[45] Karl Marx, *Grundrisse*, Harmondsworth: Penguin Books, 1972, pág. 112.

[46] Ver Alain Badiou, *Conditions*, París: Ediciones Seuil 1992.

unos soldados heridos se asomaron a la luz llameante del comedor, donde
Hitler estaba inmerso en la conversación. Repentinamente vio las
impresionadas caras que lo miraban fijamente. Con gran enojo pidió
que se corrieran inmediatamente las cortinas, devolviendo a sus heridos
guerreros a la oscuridad de su desolación.

Lo singular de esta escena es doble; desde cada lado, lo que
se veía a través del marco de la ventana era experimentado como
una aparición fantasmática: para Hitler, era una visión pesadillesca
de los resultados de su aventura militar; para los soldados, era el
encuentro inesperado con el Líder mismo. El verdadero milagro
habría tenido lugar si una mano se estirara a través de la ventana
— digamos, que Hitler extendiese su mano para tocar un soldado
herido. Pero, por supuesto, precisamente tal encuentro, semejante
intrusión en su realidad era lo que Hitler temía, de manera que,
en lugar de estirar su mano, sumido en el pánico pidió que se
corran las cortinas... ¿Cómo podemos, entonces, atravesar esta
barrera y alcanzar al Otro Real? Hay una larga tradición literaria
en considerar el encuentro cara a cara con el soldado enemigo
como *la* auténtica experiencia de guerra (véanse los escritos de
Ernst Jünger, quien celebraba tales encuentros en sus memorias
de los ataques a las trincheras en la Primer Guerra Mundial): los
soldados a menudo fantasean con matar al soldado enemigo en
una confrontación cara a cara, mirándolo a los ojos antes de
apuñalarlo. Lejos de evitar la continuación de la pelea, este tipo
de comunión mística de sangre sirve precisamente como su falsa
legitimación "espiritual". Un paso más allá de tal ideología
obscurantista puede encontrarse en los momentos sublimes de
solidaridad, como el que tuvo lugar en la batalla por Stalingrado,
cuando, en vísperas de año nuevo, el 31 de diciembre de 1942,
actores y músicos rusos visitaron la ciudad sitiada para entretener
a las tropas. El violinista Mikhail Goldstein fue hasta las trincheras
a ejecutar un concierto solista para los soldados:

Las melodías que entonó flotaron a través de los altavoces hasta las
trincheras alemanas y el tiroteo cesó. En la tensa calma, la música fluía del
arco de Goldstein.

Cuando terminó, un mudo silencio sobrevolaba el sitio donde se hallaban los soldados rusos. Desde el otro altavoz, en territorio alemán, una voz rompió el hechizo. En torpe ruso suplicó: 'Toque un poco más de Bach. No dispararemos'.

Goldstein tomó su violín e inició un vivo gavotte *de Bach.*[47]

El problema con esta ejecución de violín es, claro, que solo funcionó efectivamente como un breve momento sublime de suspensión: inmediatamente después, el tiroteo continuó. Así, esta ejecución no sólo no evitó el tiroteo — incluso lo sostuvo, proporcionando el trasfondo compartido de las dos partes involucradas. Uno incluso arriesgaría la hipótesis de que no evitó el tiroteo precisamente porque era demasiado noble y "profunda": lo que se necesita para lograr ese efecto es algo mucho más superficial. Una experiencia mucho más efectiva de la humanidad universal, del sinsentido del conflicto en el que se hallan comprometidas las partes, puede tomar la forma de un simple intercambio de miradas que lo dice todo. Durante una de las manifestaciones anti–*apartheid* en la vieja Sudáfrica, cuando una tropa de policías blancos estaba dispersando y persiguiendo a manifestantes negros, un policía corría detrás de una señora negra, bastón de goma en mano. Inesperadamente, la señora perdió uno de sus zapatos; obedeciendo automáticamente sus "buenos modales", el policía recogió el zapato y se lo alcanzó; en ese momento, ambos intercambiaron sus miradas y se dieron cuenta de la inanidad de la situación — después de semejante gesto de cortesía, es decir, después de haberle entregado el zapato perdido y haber esperado a que ella se lo ponga, era simplemente *imposible* para el policía continuar persiguiéndola para golpearla con su bastón; de manera que, después de saludarla con una inclinación de su cabeza, el policía dio la vuelta y se alejó... La moraleja de esta historia no es que el policía haya descubierto de repente su bondad innata, es decir, no se trata del caso del bien natural ganando por sobre la formación ideológica racista; por el contrario, el policía era, casi con certeza, en cuanto a su posición psicológica – un racista común. Lo que triunfó aquí simplemente fue su formación "superficial" en los modos de la cortesía.

---

[47] William Craig, op.cit., pág. 307–308.

59

Cuando el policía estiró su mano para alcanzar el zapato, este gesto fue más que un momento de contacto físico. El policía blanco y la señora negra vivían literalmente en dos universos socio–simbólicos diferentes, sin comunicación directa posible: para cada uno de ellos, la barrera que separaba los dos universos quedó por un breve instante suspendida, y fue como si una mano espectral, de otro universo, se introdujera en la realidad ordinaria del primero. — Sin embargo, para transformar este momento mágico de suspensión de las barreras simbólicas en un logro más sustancial, se necesita algo más — como, por ejemplo, compartir chistes obscenos. En la ex–Yugoslavia, circulaban chistes sobre cada grupo étnico, que era estigmatizado a través de un cierto rasgo — se suponía que los montenegrinos eran sumamente perezosos, los bosnios tontos, los macedonios ladrones, los eslovenos ahorrativos… Significativamente, estos chistes menguaron con el levantamiento de las tensiones étnicas a finales de los 1980s: ninguno de ellos se escuchaba en 1990, cuando las hostilidades hicieron erupción. Lejos de ser absolutamente racistas, estos chistes, sobre todo aquellos en los que se encuentran miembros de nacionalidades diferentes — del estilo "un esloveno, un servio y un albanés iban de compras, y…" – representaban una de las formas más importantes de la existencia real de la "hermandad y unidad" oficial de la Yugoslavia de Tito. En este caso, los chistes obscenos compartidos no funcionaban como un medio para excluir a los otros, sino como medio de su inclusión, de establecer un mínimo pacto simbólico. Los indios (los americanos nativos) fumaban la proverbial pipa de la paz, mientras que nosotros, de los Balcanes más primitivos, tenemos que intercambiar obscenidades. Para establecer una solidaridad real, la experiencia de la alta cultura compartida no es suficiente — uno tiene que intercambiar con el Otro la embarazosa idiosincrasia del goce obsceno.

Durante mi servicio militar, me hice muy amigo de un soldado albanés. Como es bien sabido, los albaneses son muy sensibles a los insultos sexuales referidos a sus familiares más cercanos (madre, hermana); yo fui aceptado efectivamente por mi amigo albanés cuando dejamos atrás el juego superficial de cortesía y respeto, y nos saludamos con insultos formalizados. El primer movimiento fue hecho por el albanés: una mañana, en lugar del usual "¡Hola!", él me saludó con un "¡Hoy me la clavo a tu madre!"; inmediatamente supe que ésta era una oferta a la que tenía que responder apropiadamente, por lo que retruqué: "¡Adelante, bienvenido sea, pero después de que termine con tu hermana!". Este intercambio pronto perdió su carácter abiertamente obsceno e irónico, y se formalizó: después de sólo un par de semanas, no nos molestábamos ya con decir la frase entera; por la mañana, al vernos, él inclinaba apenas su cabeza y decía "¡Madre!", a lo que yo respondía simplemente "¡Hermana!"... Este ejemplo muestra también los peligros de semejante estrategia: la solidaridad obscena demasiado a menudo emerge a expensas de un tercero — en este caso, involucra la solidaridad del lazo entre varones a expensas de las mujeres. (¿Podemos imaginar la versión invertida, una mujer joven que saluda a su amiga "¡Me atornillo a tu marido!", a lo que la otra responda: "¡Adelante, pero después de que termine con tu padre!"? Quizás, ésta es la razón por la cual la relación entre Jacqueline y Hilary du Pré nos resulta tan "escandalosa": el hecho de que, con la aprobación de su hermana, Jacqueline mantuviera un *affaire* con su marido, es insoportable porque involucra la inversión de la lógica levistraussiana normal de las mujeres como objetos de intercambio entre los hombres — en este caso, era el hombre el que servía como objeto de intercambio entre las mujeres).

Hay otro problema que se entrecruza aquí, y es el del poder y la autoridad: el ejemplo de mi ritual obsceno con el soldado albanés sólo funcionaba porque había una igualdad presupuesta entre el albanés y yo — éramos ambos soldados comunes. Si yo hubiera sido un oficial, habría sido para el albanés demasiado arriesgado, prácticamente inconcebible, hacer su primer movimiento. Si, por el contrario, el albanés hubiera sido el oficial, la situación habría sido más obscena aun: su gesto habría sido una oferta de falsa solidaridad obscena para enmascarar las relaciones subyacentes de poder — un caso paradigmático del ejercicio de poder "postmoderno". La figura **61** tradicional de autoridad (jefe, padre) insistía en ser tratada con el respeto apropiado, siguiendo las reglas formales de autoridad; el intercambio de obscenidades y los comentarios burlones tenían que ocurrir a sus espaldas. Al contrario, el jefe o el padre de hoy insiste en que debemos tratarlo como a un amigo, se dirige a nosotros como con una familiaridad intrusa, bombardeándonos con indirectas sexuales, invitándonos a compartir una bebida o un chiste, todo esto con el intento de establecer un lazo entre varones, mientras la relación de autoridad (nuestra subordinación a él) no sólo permanece intacta, sino incluso es tratada como una especie de secreto que debe respetarse y sobre el que no se debe hablar. Para los subordinados, semejante constelación es mucho más claustrofóbica que la autoridad tradicional: hoy, ni siquiera contamos con el espacio privado de ironía y mofa, ya que el amo está presente en ambos niveles, como autoridad y al mismo tiempo como un amigo.

Sin embargo, este rompecabezas no es tan rebelde como puede parecer: en cada situación concreta, siempre sabemos "espontáneamente" de qué se trata, es decir, si el intercambio de obscenidades es "auténtico", o una falsa intimidad que enmascara una relación de subordinación. El verdadero problema, más radical, es éste: ¿es factible un contacto directo con el otro en lo Real, sin el marco simbólico subyacente? El contacto con el Otro Real es inherentemente frágil, sumamente incierto — el contacto auténtico con el Otro en cualquier momento puede transformarse en una intrusión violenta en su espacio íntimo... La salida de este problema parece ser la proporcionada por la lógica de la interacción social delineada magistralmente en las mejores obras de Henry James: en este universo donde reina el tacto supremo, donde la explosión abierta de las propias emociones es considerada de suma vulgaridad, todo se dice, se toman las decisiones más dolorosas, se comunican los mensajes más delicados – y sin embargo, todo en la guisa de una conversación formal. Incluso cuando se chantajea a un *partenaire*, se lo hace con una sonrisa cortés, mientras se le ofrece un té y pasteles... ¿Es entonces que, mientras el acercamiento brutal y directo pierde el corazón del Otro, una discreta danza puede alcanzarlo? En su *Minima moralia*, Adorno señaló ya la ambigüedad absoluta del tacto claramente discernible en Henry James: la consideración respetuosa para con la sensibilidad del otro, el cuidado por no violar su intimidad, puede transformarse fácilmente en una insensibilidad brutal hacia el dolor del otro.

62

[]

Cinco:
¿Lenin amaba a su prójimo?

Cuando compartimos un espacio común con extraños –
por ejemplo, cuando un repartidor o un plomero entra a nuestro
departamento — por cortesía nos ignoramos mutuamente,
absteniéndonos de indagar sobre la privacidad del otro (qué desea,
cuáles son sus sueños secretos); el gran Otro lacaniano es, entre
otras cosas, uno de los nombres para ese Muro que nos permite
mantener la distancia apropiada, garantizándonos que la
proximidad del otro no nos invadirá — cuando hablamos con un
empleado, "no es nada personal". (La paradoja es que ese Muro
no tiene solo un aspecto negativo: al mismo tiempo, genera
fantasías sobre lo que acecha detrás, sobre lo que el otro desea
realmente). Nuestra vida cotidiana del capitalismo tardío involucra
una renegación inaudita de la experiencia del otro:

> *Para pasar por al lado de una persona de la calle tirada en una*
> *puerta y seguir caminando, para disfrutar de la cena cuando tantos niños*
> *tienen hambre, para descansar por las noches cuando el sufrimiento es*
> *incesante – nuestra atomizada función diaria nos demanda que*
> *forcluyamos sistemáticamente nuestros afectos y conexiones hacia los otros*
> *(en las palabras de la cultura dominante, nuestra economía está*
> *comprendida por individuos que respetan la individualidad de los otros).*
> *Detrás de la caricatura del liberal que se rasga las vestiduras, yace la*
> *verdad de la política: qué se siente es cómo se actúa.[48]*

No se trata aquí de psicología individual, sino de la subjetividad
capitalista como forma de abstracción inscripta y determinada por el
mismo nexo "objetivo" de las relaciones sociales:

63

---

[48] Anna Kornbluh, *El hombre de familia.*

La indiferencia hacia el trabajo específico corresponde a una forma de sociedad en la que los individuos pueden ser transferidos fácilmente de un trabajo al otro, y donde el tipo específico es materia de su elección, es decir, de indiferencia. No sólo la categoría trabajo, sino el trabajo en realidad se ha vuelto aquí medio de creación de la riqueza en general, y ha cesado de estar orgánicamente ligado a los individuos particulares en cualquier forma específica. Semejante estado de la cuestión se halla en su mayor grado de desarrollo en la forma más moderna de existencia de la sociedad burguesa, en los Estados Unidos. Aquí, entonces, por primera vez, el punto de partida de la economía moderna, a saber, la abstracción de la categoría 'trabajo', 'trabajo como tal', trabajo puro y simple, se verifica en la práctica.[49]

Así, de la misma manera en que Marx explicó cómo, dentro de la economía de mercado, la abstracción se inscribe en la experiencia individual misma (un trabajador experimenta directamente su profesión particular como una actualización contingente de su capacidad abstracta de trabajo, no como un componente orgánico de su personalidad; de la misma forma que un amante "alienado" experimenta su *partenaire* sexual como un objeto contingente que satisface su necesidad de satisfacción sexual y/o emocional; etc.), la abstracción también se inscribe en cómo, en el nivel más inmediato, nos relacionamos con los otros: los *ignoramos* en el sentido fundamental del término, reduciéndolos a soportes de funciones sociales abstractas. Y, por supuesto, el punto central aquí es que "los sistemas de poder necesitan configuraciones emocionales específicas"[50]: la "frialdad" fundamental del sujeto capitalista tardío está suplantada/disimulada por el fantasma de una vida privada emocional rica, que sirve como pantalla imaginaria que nos protege de la experiencia conmocionante de lo Real del sufrimiento del otro. Hoy, el viejo chiste del tipo rico que le ordena a su sirviente "¡Echa a este mendigo — soy una persona tan sensible que no puedo resistir ver gente que sufre!", es más apropiado que nunca. El precio necesario a pagar por esta abstracción es que la esfera misma de la privacidad se "reifica", se convierte en un dominio de satisfacciones calculadas: ¿hay algo más deprimentemente anti–erótico que el proverbial pedido de un yuppie a su *partenaire* "pasemos un tiempo de calidad juntos"?

No sorprende, entonces, que el anverso de esta distancia sean las intrusiones brutales y humillantes en el espacio íntimo de los otros: desde los *talk-shows* confesionarios a los *websites* con cámaras en vivo donde podemos observar desde el fondo del cuenco del retrete a otras personas defecando.

Es un hecho conocido que las personas encuentran mucho más fácil confiar sus más profundos sueños y temores a los extraños que a aquellos que están cerca de ellos: fenómenos como los *chat-rooms* del ciberespacio, y el tratamiento psicoanalítico mismo evidentemente dan cuenta de esta paradoja. El hecho de que estemos contándoselo a un extraño totalmente fuera del círculo de nuestros conocidos garantiza que nuestra confesión no avivará aún más el embrollo de pasiones en el que estamos entremezclados – al no ser uno de nuestros prójimos, el extraño es, en cierto modo, el *gran Otro mismo*, el receptáculo neutro de nuestros secretos. Sin embargo, el "solipsismo compartido" de hoy se mueve a un nivel diferente: no sólo se trata de que usamos a los extraños para confiarles los secretos de los amores y odios que estructuran nuestras relaciones con las personas que nos son cercanas; es como si sólo pudiéramos comprometernos en estas mismas relaciones con el trasfondo de una distancia garantizada. Cosas que, hasta ahora, tenían el estatuto de una excepción (como, por ejemplo, una noche apasionada de sexo con un total extraño, sabiendo que, a la mañana siguiente, cada cual

---

[49] Karl Marx, *Grundrisse*, pág. 89. Cuando Kierkegaard localizaba el mal mayor de la modernidad en el reinado anónimo del Público, sostenido por la prensa (los periódicos diarios), su violenta crítica estaba dirigida hacia la misma abstracción: "La abstracción de la prensa (para un periódico, una revista, no hay ninguna concretud política y sólo un individuo en sentido abstracto), junto con el desapasionamiento y la falta de reflexividad de la época, dan a luz a ese fantasma de la abstracción, el público" (Soren Kierkegaard, *La época actual*, Nueva York: Harper and Row, 1962, pág. 64). Es decir, la "abstracción" es también para Kierkegaard aquí "real": no nombra una designación teórica, sino la propia experiencia vital real, la manera en que los individuos se relacionan entre sí y "discuten los problemas" desde la posición no comprometida de un observador externo — en este caso, nos "abstraemos" de nuestra inmersión en una situación concreta.

[50] Anna Kornbluh, op.cit.

irá por su propio camino, para nunca encontrarse de nuevo), están imponiéndose gradualmente como la nueva norma.

Otra consecuencia de esta modificación de la frontera entre la vida pública y la privada es que, a veces, detalles precisos de la vida íntima de una persona se vuelven parte de su persona pública, disponible para todos en libros o en Internet, no siendo ya secretos obscenos sobre los cuales se murmura en privado — para decirlo en una forma ligeramente nostálgico–conservadora, el escándalo reside en el hecho mismo de que ya no hay ningún escándalo. Se empezó con las estrellas de cine y las modelos: el (falso) *videoclip* de Claudia Shiffer, en el que realiza una apasionada *fellatio* a dos penes simultáneamente, se publicita por todas partes; si uno busca en Internet datos sobre Mimi MacPherson (la hermana más joven de la famosa modelo australiana Elle MacPherson), puede conseguir información sobre su sobresaliente actividad ecologista (realizando una campaña de observación de ballenas), entrevistas con ella como mujer de negocios, sitios de sus fotografías "decentes", *y* el video robado de ella masturbándose y luego copulando con su amante. Y qué decir del último libro de Catherine Millet[51], en el que esta renombrada crítica de arte describe en un estilo frío y desapasionado, sin vergüenza ni culpa — y, por consiguiente, también sin ninguna sensación de entusiasmo o de transgresión — los detalles de su exuberante vida sexual, su participación regular en grandes orgías en las que fue penetrada o jugó con docenas de penes anónimos en una sola sesión. No hay aquí ningún límite *a priori* — uno bien podría imaginar que, en un futuro cercano, algún político permita (discretamente, al principio) que un video *hard–core* de su comercio sexual circule en público, para convencer a los votantes de su atractivo o potencia. Hace casi cien años, Virginia Woolf escribió que, alrededor de 1912, la naturaleza humana cambió; quizás, esta consigna sea mucho más apropiada para designar el cambio radical en el estatuto de la subjetividad señalado por esta alteración de la división entre lo público y lo privado, discernible también en fenómenos como los *reality shows* al estilo de "El Gran Hermano"[52].

En las condiciones del capitalismo tardío, nuestra vida afectiva se encuentra rigurosamente escindida: por una parte, está la esfera "privada", compuesta de islotes íntimos de sinceridad emocional e intensos compromisos que, precisamente, sirven como obstáculo que nos obtura la visión de las formas mayores de sufrimiento; por otra parte, está la pantalla (en los sentidos metafórico y literal del término) a través de la cual percibimos este sufrimiento mayor, por el bombardeo diario de informes televisivos sobre depuraciones étnicas, violaciones, torturas, catástrofes naturales, de las que nos compadecemos profundamente y que, a veces, nos mueven a comprometernos en actividades humanitarias. Incluso cuando este compromiso es cuasi–"personalizado" (como en el caso de la fotografía y la carta de un niño africano a quien se apoyó mediante contribuciones financieras regulares), en última instancia, el pago aquí muestra su función subjetiva fundamental, según fue aislada por el psicoanálisis: damos dinero para mantener el sufrimiento de los otros a una distancia apropiada, que nos permite complacernos en una relación de empatía sin poner en peligro nuestro seguro aislamiento de su realidad. La escisión con respecto a las víctimas es la verdad del discurso de la victimización: "yo" *versus* los otros (los pobres del Tercer Mundo o los sin techo de las ciudades de los países centrales), con quien el yo empatiza a distancia. En contraste con esta verdadera escoria ideológico–emocional, el auténtico *trabajo del Amor* reside no en ayudar al otro arrojándole los restos de nuestra riqueza por sobre la barrera de seguridad: es más bien el trabajo de desmantelar esta barrera, de extender la mano directamente hacia el Otro sufriente excluido.

---

[51] Catherine Millet, *La vie sexuelle de Catherine M.*, París: Ediciones Seuil 2001.

[52] Sin embargo, a pesar de esta ruptura radical, la digitalización de hoy designa el punto culminante de la tradición propiamente metafísica. Adorno mencionó en alguna parte que cada gran filosofía es una variación de la prueba ontológica de la existencia de Dios: un esfuerzo por pasar directamente del pensamiento al Ser, formulado por primera vez por Parmenides en su aserción de la igualdad entre pensar y Ser. (Incluso Marx pertenece a esta línea: ¿su idea de "conciencia de clase" no es precisamente la de un pensamiento que interviene directamente en el ser social, como desplegó ejemplarmente Georg Lukacs en su *Historia y conciencia de clase*?). Y, por consiguiente, ¿no es la ideología digital del ciberespacio — en su esfuerzo por pasar "del *bit* al *it*", es decir, de generar el espesor propio del Ser a partir del orden formal–estructural digital – el último estadío de este desarrollo?

Este trabajo auténtico del amor es lo opuesto del antirracismo de buena conciencia al estilo de *¿Adivina quién viene a cenar?*, en la que el novio negro de la muchacha blanca de clase media–alta es educado, rico, etc. — su única falta es el color de su piel: es fácil para los padres de la muchacha superar la barrera y amar a ese "prójimo"; sin embargo, ¿qué pasaría con el famoso afroamericano de la película de Spike Lee: *Haz lo correcto*, que incomoda a los blancos deambulando con su música estéreo a todo volumen? Es *este* goce excesivo e intruso el que se debe aprender a tolerar — ¿no es éste el sujeto ideal del "acoso cultural"[53]? ¿Y la obsesión por el "acoso sexual", no es también una forma de intolerancia — o de "tolerancia cero", para usar el popular término orwelliano de los reforzadores de la ley – hacia el goce del otro? Este goce es por definición excesivo — cada esfuerzo por definir su "medida apropiada" falla, ya que toda seducción o propuesta sexual es como tal intrusiva, perturbadora. Por consiguiente, ¿no es el horizonte último de la lucha contra el "acoso", el derecho de cada individuo a que *sus prójimos lo dejen en paz*, a estar protegido de su goce intrusivo?

La ciudad de Hamburgo tiene tres estaciones de ferrocarril de larga distancia, la estación principal *Hamburg–Hauptbanhof*, *Hamburg–Dammtor*, y *Hamburg–Altona*, las tres en la misma línea. La distinción entre las primeras dos, el hecho aparentemente "irracional" de que, a una corta distancia de caminata de la estación principal, hay otra, es fácil explicar: la clase dominante quería una estación donde sus miembros pudieran abordar el tren sin ser perturbados por la muchedumbre de clase baja. Más enigmática es la presencia de la tercer estación — *Altona*. No está claro de dónde proviene este término: mientras que, según algunas fuentes, se refiere al hecho de que este asentamiento dinamarqués era considerado como "all to nah" ("demasiado cerca de") el propio Hamburgo, la explicación más probable es que signifique "all ten au", "cerca del arroyo". Sin embargo, el hecho es que, desde principios del siglo XVI, los ciudadanos de Hamburgo se quejan continuamente de este pequeño asentamiento, originalmente dinamarqués, al noroeste del centro de la ciudad. Con respecto a la teoría del "demasiado cerca", deberíamos recordar el viejo proverbio italiano: *se non e vero, e ben' trovato* — aun cuando no es verdadero (a nivel de los hechos), está bien encontrado.

Así se organiza el síntoma para Freud: como una imputación histérica que, a nivel de los hechos, claramente no es verdad, y no obstante está "bien encontrada", en la medida en que un deseo inconsciente resuena allí. Y, de la misma manera, la función simbólica de la tercer estación, *Altona*, es mantener a los intrusos, que siempre están "demasiado cerca", a una distancia apropiada, así como también sirve para mistificar/desplazar el antagonismo social básico (la lucha de clases) hacia el falso antagonismo entre "nosotros" (nuestra nación, donde todas las clases están unidas en el mismo cuerpo social) y "ellos" (los intrusos extranjeros).

La conexión entre estas dos oposiciones nos proporciona las coordenadas mínimas de lo que Ernesto Laclau conceptualizó como la lucha por la *hegemonía*[54]. La característica principal del concepto de hegemonía reside en la conexión contingente entre la diferencia intrasocial (entre elementos dentro del espacio social) y el límite que separa la Sociedad de la no–sociedad (el caos, la decadencia absoluta, la disolución de todos los lazos sociales) — el límite entre lo Social y su exterioridad, lo no–social, sólo puede articularse en la forma de una diferencia (trazándose *como* una diferencia) entre elementos del espacio social. La lucha dentro del cuerpo social (entre *Hauptbanhof* y *Dammtor*, los oprimimos y la clase gobernante) siempre se refleja, por una necesidad estructural, en la lucha entre el cuerpo social "como tal" ("todos nosotros, obreros y gobernantes"), y los que están fuera ("ellos", los extranjeros que están "demasiado cerca", en *Altona*). Es decir, el lucha de clases por la hegemonía es en última instancia la lucha por el significado de la sociedad "como tal", la lucha por cuál de las dos clases se impondrá como la representante de la sociedad "como tal", degradando así a su otro en la posición de lo no–social (la destrucción, la amenaza para la sociedad) – para simplificar el

[53] Una situación en Polonia en los años noventa nos da un ejemplo único de tal amor al prójimo: la amistad inesperada entre el General Jaruzelski y Adán Michnik, el viejo disidente — *éstos* son dos verdaderos prójimos, extraños radicales el uno para el otro, que provienen de dos universos (ideológicos) diferentes, y no obstante capaces de establecer contacto.

[54] Ver Ernesto Laclau y Chantal Mouffe, *Hegemonía y Estrategia Socialista*, Londres: Verso Books, 1985.

problema, ¿es que la lucha de las masas por la emancipación representa una amenaza a la civilización como tal, ya que la civilización sólo puede desarrollarse en un orden social jerárquico? ¿o será que la clase gobernante es un parásito que amenaza con arrastrar a la sociedad a su autodestrucción, de modo que la única alternativa al socialismo es la barbarie? Esto, por supuesto, de ninguna manera implica que la manera en que nos relacionamos con "ellos" es secundaria, y que simplemente deberíamos retrotraer el foco de atención al antagonismo que escinde desde dentro "nuestra" sociedad: la manera en que nos relacionamos a "ellos", al tercer elemento, es la clave de cómo nos posicionamos efectivamente con respecto al antagonismo inherente. ¿No es el funcionamiento básico del populismo neo–fascista de hoy, precisamente combinar la interpelación a la clase obrera con la interpelación racista ("las compañías multinacionales cosmopolitas como el verdadero enemigo de nuestros honrados obreros")? Esta es la razón por la cual, para tomar el ejemplo extremo, para los judíos en el Israel de hoy, "Ama a tu prójimo" significa "¡Ama a los Palestinos!", *o no significa nada en absoluto*[55].

Todas las cortes, en la mayoría de las sociedades occidentales, conocen la medida de imponer una "orden de restricción": cuando alguien demanda a otra persona por acoso (haciendo proposiciones sexuales injustificadas, etc.), se le puede prohibir legalmente al acosador acercarse a sabiendas a la víctima a más de 100 yardas. Necesaria como es esta medida a los efectos de la realidad evidente del acoso, hay en ella no obstante algo de la defensa contra lo Real del deseo del Otro: ¿no es evidente que siempre hay algo muy violento en desplegar abiertamente la propia pasión por otro ser humano? La pasión por definición *hiere* a su objeto, y aun cuando su destinatario acepta alegremente ocupar este lugar, no puede hacerlo nunca sin un instante de temor y sorpresa. O, para hacer otra variación sobre el *dictum* de Hegel: "el Mal reside en la mirada misma que percibe el Mal a todo su alrededor", la intolerancia hacia el Otro reside en la mirada misma que percibe a su alrededor intrusos otros intolerantes. Deberíamos sospechar especialmente de la obsesión por el acoso sexual a las mujeres, cuando es vaticinado por los hombres: después de rascar un poco la superficie "pro–feminista", se encuentra el viejo mito masculino–chauvinista de que las mujeres son criaturas indefensas, que no sólo deben ser protegidas de los hombres molestos, sino finalmente también de ellas mismas. El problema no es que ellas no podrán protegerse, sino que pueden empezar a *gozar* de ser acosadas sexualmente, es decir, que la intrusión masculina liberará en ellas un estallido autodestructivo de goce sexual excesivo... En resumen, el punto aquí es qué tipo de noción de subjetividad está implícita en la obsesión por los diferentes modos de acoso. ¿No se trata de la subjetividad "narcisística", para la cual todo lo que los otros hacen (dirigirse a mí, mirarme...) es potencialmente una amenaza, para la que, como lo dijo Sartre tiempo atrás, *l'enfer c'est les autres*?

Con respecto a la mujer como objeto de perturbación, cuanto más ella se cubre, más nuestra atención (masculina) se fija en ella, en lo que se oculta bajo el velo. Los Taliban no sólo obligan a las mujeres a que caminen en público completamente veladas, sino que también les prohibieron usar zapatos con tacos demasiado sólidos (de metal o de madera), y les ordenaron caminar de tal manera que no hicieran un ruido demasiado fuerte para llamar la atención de los hombres y distraerlos, perturbando su paz interna y dedicación. Ésta es la paradoja del plus–de–goce en su más pura

---

[55] Además de rechazar incondicionalmente la ocupación israelí en la franja Oriental, uno debe, por supuesto, oponerse no menos incondicionalmente a los estallidos antisemitas en Europa Occidental, que se justifican a sí mismos como la "exportación de la Intifada", es decir, como gestos de solidaridad con los palestinos oprimidos (desde los ataques a sinagogas en Alemania hasta los centenares de incidentes antisemitas en Francia en el otoño del 2000). No hay aquí lugar para ninguna "comprensión": no debería concederse el mínimo lugar a la lógica del "¡Pero deberíamos comprender que los ataques a los judíos en Francia son una reacción a la brutalidad militar israelita!", de la misma manera en que se debe rechazar esta otra lógica: "¡Pero la reacción militar israelí es entendible — quién no tendría miedo después del holocausto y dos mil de años de antisemitismo!". Aquí debemos oponernos a un doble chantaje: si uno es pro–palestino, es *eo ipso* antisemita, y si uno está contra el antisemitismo, debe ser *eo ipso* pro–Israel. La solución no es un compromiso, una "justa medida" entre los dos extremos – se trataría más bien de extremar ambas direcciones, la defensa de los derechos palestinos así como también la lucha contra el antisemitismo.

expresión: cuanto más se intenta velar el objeto, más intensamente perturbador resulta el mínimo vestigio de su rastro.

¿Y no pasa esto incluso con la prohibición cada vez más extensiva de fumar? Primero, se prohibió fumar en todas las oficinas, luego en los aviones, después en los restaurantes, después en los aeropuertos, más tarde en los bares, luego en los clubes privados, luego 50 yardas alrededor de las entradas de los edificios, luego — en un caso único de censura pedagógica, que recuerda la famosa práctica estalinista de retocar las fotografías de la *nomenklatura* — el Servicio Postal norteamericano quitó el cigarrillo de las estampillas con la fotografía–retrato de los guitarristas de Blues Robert Johnson y Jackson Pollock, y llegamos a los recientes esfuerzos por imponer una prohibición de encender cigarrillos en veredas y parques. Christopher Hitchens tenía razón en señalar no sólo que por lo menos la evidencia médica con respecto al daño a los "fumadores pasivos" es sumamente incierta, sino que estas prohibiciones mismas, intencionalmente pensadas "para nuestro propio bien", son "fundamentalmente ilógicas, y presagian un mundo supervisado en el que viviremos sin dolor, con seguridad — y tedio"[56]. Estas prohibiciones no apuntan a otra cosa que al *goce del Otro* excesivo y arriesgado, involucrado en el acto de encender "irresponsablemente" un cigarro e inhalar profundamente con placer imperturbado — en contraste con los yuppies clintonistas que lo hacen sin inhalar (o que tienen sexo sin penetración real, o comida sin grasa, o...)[57]. Lo que hace al cigarrillo semejante enemigo ideal, es que el "arma del cigarrillo" es aquí un blanco fácil, y proporciona un agente Políticamente Correcto de conspiración, es decir, las grandes tabacaleras, disfrazando así de ímpetu anti–corporativo la envidia por el goce del Otro. La última ironía de esto es que no sólo las ganancias de las compañías de tabaco no fueron afectadas todavía por las campañas y legislaciones anti–cigarrillo, sino que incluso la mayor parte de los billones de dólares que las tabacaleras acordaron pagar irá a parar al complejo industrial médico–farmacéutico, que es el complejo industrial más fuerte de EE.UU., dos veces más fuerte que el infame complejo militar–industrial.

En el magnífico capítulo II C ("Amarás a tu prójimo") de sus *Trabajos sobre el amor*, Kierkegaard desarrolla la afirmación de que el prójimo ideal que debemos amar es uno muerto — el único prójimo bueno es el prójimo muerto. Su línea de razonamiento es sorprendentemente simple y consecuente: en contraste con los poetas y los amantes, cuyos objetos de amor son distinguidos por su preferencia, por sus excelentes cualidades particulares, "amar al prójimo significa la igualdad": "Abandona todas las distinciones para poder amar a tu prójimo"[58]. Sin embargo, sólo es en la muerte donde todas las distinciones desaparecen: "la Muerte borra todas las distinciones, pero la preferencia siempre está relacionada con las distinciones"[59]. Una consecuencia más de este razonamiento es la distinción crucial entre dos perfecciones: la perfección del objeto de amor y la perfección del amor mismo. El amor del amante, del poeta o del amigo contiene una perfección que pertenece a su objeto, y es, por esta misma razón, imperfecto como amor; en contraste con este amor,

---

[56] Christopher Hitchens, We Know Best. Vanity Fair, Mayo del 2001, pág. 34. ¿Y no puede discernirse a menudo la misma visión "totalitaria" en cierta oposición a la pena de muerte? Para decirlo en términos foucaultianos, ¿no participan algunos argumentos a favor de la abolición de la pena de muerte de una cierta "biopolítica", que considera el crimen como resultado de circunstancias sociales, psicológicas, ideológicas, etc.? La noción de sujeto moralmente/legalmente responsable sería una mera ficción ideológica cuya función es encubrir la red de relaciones de poder, de manera que los individuos no son responsables de los crímenes que cometen, por lo cual no deberían ser castigados. Ahora, sin embargo, el anverso de esta tesis es que aquellos que controlan las circunstancias controlan a las personas. La posición de Lenin — la introducción inequívoca de la lucha de clases como línea de demarcación con respecto a la pena de muerte — es aquí mucho más honesta: "/.../ es correcto argumentar contra la pena de muerte cuando es aplicada por los explotadores contra las masas obreras con el propósito de mantener la explotación. Es apenas probable que cualquier gobierno revolucionario pudiera hacer cualquier cosa sin aplicar la pena de muerte a los explotadores (es decir, los terratenientes y capitalistas)." (V.I.Lenin, Collected Works, Vol. 33, pág. 417).

[57] Para colmo, la noción del peligro para el "fumador pasivo" participa claramente en los temores post–SIDA, no sólo al contacto físico directo con los otros, sino también a las formas más etéreas de contacto (el "invisible" intercambio de fluidos, bacterias, virus...).

[58] Soren Kierkegaard, Trabajos sobre el amor, Nueva York: Harper 1994, pág. 75.

[59] Op.cit., la pág. 74.

... precisamente porque el prójimo no tiene ninguna de las excelencias del amado, el amigo, una persona culta, una admirada, o una rara y extraordinaria que uno tiene en alta estima – por esta misma razón el amor al prójimo tiene todas las perfecciones /...1 El amor erótico está determinado por su objeto; la amistad está determinada por su objeto; sólo el amor al prójimo está determinado por el amor. Como el prójimo es cada hombre, incondicionalmente cada hombre, todas las distinciones están de hecho alejadas del objeto. Por consiguiente, el amor genuino es reconocible por esto, que su objeto es sin cualquiera de las calificaciones más definidas de la diferencia, lo que significa que este amor sólo es reconocible por ser amor. ¿No es esta la perfección más alta?[260]

Para ponerlo en términos de Kant: lo que Kierkegaard intenta articular aquí son los contornos de un amor no–patológico, de un amor que sería independiente de su objeto (contingente), un amor que (de nuevo, para parafrasear la definición de Kant del deber moral) no se motiva por un objeto determinado, sino por la mera *forma* del amor — amo por causa del amor en sí, no por causa de lo que distingue a su objeto. La implicación de esta posición es así rara, si no decididamente mórbida: el amor perfecto es *completamente indiferente hacia el objeto amado*. No sorprende que Kierkegaard se obsesionara con la figura del Don Juan: el amor cristiano de Kierkegaard hacia el prójimo y las seducciones en serie del Don Juan comparten esta indiferencia crucial hacia el objeto. Para el Don Juan, la calidad del objeto seducido tampoco importaba: el sentido final de la larga lista de conquistas de Leporello, categorizadas según sus características (edad, nacionalidad, rasgos físicos), es que estas características son indiferentes — lo único que importa es el puro hecho numérico de agregar un nuevo nombre a la lista. ¿No es el Don Juan, en este sentido preciso, un seductor propiamente cristiano, desde que sus conquistas son "puras", no–patológicas en el sentido kantiano, hechas por causa de sí, no debidas a ninguna propiedad particular y contingente de sus objetos? El objeto de amor preferido del poeta también es una persona muerta (paradigmáticamente, la mujer amada): él necesita su muerte para articular su duelo en la poesía (o, como en la poesía de amor cortés, una mujer viviente elevada al rango de una Cosa monstruosa). Sin embargo, a diferencia de la fijación del poeta en un objeto de amor muerto singular, el cristiano trata al prójimo todavía vivo como ya muerto, borrando sus cualidades distintivas. El prójimo muerto quiere decir: el prójimo privado del exceso molesto de *goce* que lo hace insoportable. Se hace así claro en dónde reside la estafa de Kierkegaard: en intentar vendernos como el difícil acto auténtico de amor, lo que es efectivamente un escape al esfuerzo del amor auténtico. Amar al prójimo muerto es una partida fácil: se contenta en su propia perfección, indiferente hacia su objeto — ¿Y por qué no sólo "tolerar", sino amar al otro *a causa de su misma imperfección?*

¿Es este amor al prójimo muerto realmente la idiosincrasia teológica de Kierkegaard? En una reciente visita a San Francisco, mientras escuchaba un CD de Blues en el apartamento de un amigo, desafortunadamente proferí el siguiente comentario: "A juzgar por el tono de su voz, la cantante definitivamente es negra. Es extraño, entonces, que tenga un nombre que suene tan alemán — Nina". Por supuesto, mis dichos fueron inmediatamente sancionados como de incorrección política: no se debe asociar la identidad étnica de alguien con un rasgo físico o un nombre, porque estas cosas sólo se sostienen en clichés y prejuicios raciales. A mi pregunta siguiente de cómo, entonces, uno debe identificar la pertenencia étnica, obtuve una respuesta clara y radical: de ninguna manera, por medio de ningún rasgo particular, porque cada una de esas identificaciones son potencialmente opresivas al constreñir a una persona a su identidad particular... ¿no es éste un perfecto ejemplo contemporáneo de lo que Kierkegaard tenía en mente? Uno debe amar a sus prójimos (los africano–americanos, en este caso) sólo en la medida en que están privados implícitamente de todas sus características particulares — para abreviar, en la medida en que se los trata como ya muertos. ¿Y por qué no amarlos *por* la calidad única aguda–melancólica de sus voces, *por* la asombrosa combinatoria libidinal de sus nombres

---

[60] Op.cit., págs. 77–78.

(el líder del movimiento anti–racista en Francia fue nombrado hace dos décadas como *Harlem Desir*), es decir, *por* la idiosincrasia de sus modos de goce? El nombre lacaniano para esta "imperfección", para el obstáculo que me *hace* amar a alguien, es el *objet petit a*, el tic "patológico" que lo hace único. En el amor auténtico, amo al otro no simplemente porque está vivo, sino a causa de su mismo exceso preocupante de vida. Incluso el saber popular está de algún modo al tanto de esto: cuando se dice que hay algo frío en la belleza perfecta, que uno la admira pero se enamora de una belleza *imperfecta*, a causa de esta misma imperfección. Para los norteamericanos, por lo menos, hay algo demasiado frío en la perfección de Claudia Schiffer: es de algún modo más fácil enamorarse de Cindy Crawford, a causa de su pequeña imperfección (el famoso corazoncito cerca de su labio — su *petit objet a*)[61]. Este fracaso de la lógica de Kierkegaard también se verifica con respecto a los problemas que surgen cuando aplicamos la tríada kierkegaardiana de lo Estético, lo Ético y lo Religioso al dominio de las relaciones sexuales: ¿cuál es el modo religioso de lo erótico, si su modo estético es la seducción y su modo ético el matrimonio? ¿Es en absoluto significativo hablar de un modo religioso de lo erótico en el preciso sentido kierkegaardiano del término? El hallazgo de Lacan es que éste es, precisamente, el papel del amor cortés: la Dama en el amor cortés suspende el nivel ético de las obligaciones simbólicas universales, y nos bombardea con ordalías totalmente arbitrarias de modo tal que es homólogo a la suspensión religiosa de lo Ético; sus ordalías van a la par de la de Dios pidiendo a Abraham que sacrifique a su hijo Isaac. Y, contrariamente a la apariencia primera de que el sacrificio alcanza aquí su apogeo, es sólo aquí que, finalmente, nos confrontamos con el Otro *en tanto* Cosa que da cuerpo al exceso de goce por sobre el mero placer.

76   Exactamente de la misma manera que en el amor de Kierkegaard por el prójimo muerto, esta visión trágica del amor cortés es no sólo falsa, sino finalmente incluso no–cristiana. En la película *Vértigo* de Hitchcock, la Judy de clase baja que, bajo la presión ejercida desde y por su amor a Scottie, se esfuerza por parecerse y actuar como la fatal y etérea Madeleine, de clase alta, termina resultando *ser* Madeleine: ellas son la misma persona, ya que la "verdadera"

Madeleine que Scottie encontró era una farsa. Sin embargo, esta identidad de Judy y Judy–Madeleine hace por demás palpable la otredad absoluta de Madeleine con respecto a Judy — la Madeleine que no se da en ninguna parte, que está presente sólo en la guisa del "aura" etérea que envuelve a Judy–Madeleine. En un gesto estrictamente homólogo, la Cristiandad afirma que no hay *nada* más allá de la apariencia — nada más que la "x" imperceptible que transforma a Cristo, ese hombre ordinario, en Dios. En la identidad *absoluta* entre Dios y el hombre, lo divino es el puro *Schein* de una dimensión otra que brilla a través de Cristo, esa criatura miserable. Es sólo aquí que la iconoclastia es traída verdaderamente a su conclusión: lo que está efectivamente "más allá de la imagen", es esa "x" que hace al hombre Cristo–Dios. En este sentido preciso, la Cristiandad invierte la sublimación judía, transformándola en una desublimación radical: no la desublimación en el sentido de la simple reducción de Dios al hombre, sino la desublimación en el sentido de condescender el sublime Más Allá al nivel cotidiano. Cristo es un "Dios listo–para–usar" (como lo dijo Boris Groys), él es totalmente humano, inherentemente indistinguible de otros humanos exactamente de la misma manera que Judy es indistinguible de Madeleine en *Vértigo* — es sólo ese imperceptible "algo", una pura apariencia que no puede ni siquiera fundarse en una propiedad sustancial, lo que lo hace divino. Esta es la razón por la cual el amor obsesivo de Scottie por Madeleine en *Vértigo* de Hitchcock es una farsa: si su amor fuera de verdad, él debería haber aceptado la total identidad de (la común, vulgar) Judy y (la sublime) Madeleine[62].

Hay, no obstante, una indiferencia que pertenece al verdadero amor: no la indiferencia hacia su objeto, sino la indiferencia hacia las propiedades positivas del objeto amado. Esta indiferencia del amor

---

[61] Incidentalmente, el estatuto de la marca de imperfección fue significativamente designada como "marca de belleza" (el discreto lunar a un lado que perturba ligeramente la simetría de la cara por otra parte impecable), que en tanto *objet petit a* fue evocado directamente por Lacan en su *Seminario* sobre la *Angustia* (clase del 22 de mayo de 1963).

[62] Para un desarrollo más detallado de esta paradoja del amor, ver el Capítulo 2 de Slavoj Zizek, *On Belief.*

está estrechamente vinculada a la del "significante vacío" lacaniano: por supuesto, este significante nunca está efectivamente "vacío" — un rey, por ejemplo, siempre es identificado por una serie de rasgos idiosincrásicos personales que lo caracterizan; sin embargo, sus súbditos son en todo momento conscientes de que estos rasgos son completamente indiferentes y reemplazables, que no son estos rasgos los que lo hacen un rey. La diferencia entre el significante "vacío" y el "lleno" no reside en la ausencia o presencia de rasgos positivos del objeto designadas por él, sino en el estatuto simbólico diferencial de estos rasgos: en el primer caso, estos rasgos son una magnitud positiva (las propiedades del sujeto), mientras que en el segundo caso, funcionan como una magnitud negativa, es decir, su misma "plena presencia" es un representante de – ocupa el lugar de — la "vacuidad" del significante "Rey" (del mandato simbólico). "Completud" y "vacuidad", así, no son directamente opuestos: la propia "vacuidad" del significante vacío se sostiene en una completud "negativa" específica. Y lo mismo vale para el amor: decir "Te amo porque... (tienes una buena nariz, piernas atractivas...)" es *a priori* falso. Con el amor, es igual que con la creencia religiosa: no amo porque encuentre atractivas sus características positivas, sino, al contrario, encuentro sus características positivas atractivas porque amo y por consiguiente mantengo una mirada amante. Por lo tanto, toda la "completud" de los rasgos positivos que adoro en el amado, son un representante del "vacío" que realmente amo — aun cuando cada uno de ellos sea borrado, yo todavía sostendría el amor.

¿Cómo se relaciona todo esto con el sexo? En la película *Romance* de Catalina Breillat, hay una escena fantasmática que representa perfectamente la radical escisión entre amor y sexualidad: la heroína se imagina a sí misma desnuda sobre su vientre, en una mesita baja dividida al medio por una partición, con un agujero por el que pasa sólo su cuerpo. Con el lado superior de su cuerpo, ella se encuentra frente a un tipo tierno y bueno con quien intercambia suaves palabras amorosas y besos, mientras su parte más baja del cuerpo se expone a uno o más montantes de una máquina sexual que la penetran feroz y repetidamente. Sin embargo, el verdadero milagro ocurre cuando estas dos series coinciden momentáneamente, cuando el sexo se "transubstancializa" en un acto de amor. Hay cuatro maneras de renegar de esta conjunción imposible/real del amor y el goce sexual: (1) la celebración del amor asexual "puro", como si el deseo sexual hacia el amado demostrara la inautenticidad del amor; (2) la aserción opuesta del sexo intenso como "lo único real", que reduce el amor a un mero señuelo imaginario; (3) la división de estos dos aspectos, su asignación a dos personas diferentes: se ama a la propia tierna esposa (o a la Dama inaccesible idealizada), mientras se tiene sexo con una señora "vulgar"; (4) su falsa fusión inmediata, por la que se supone que el sexo intenso demuestra que se ama "de verdad" al *partenaire*, como si, para demostrar que el amor es verdadero, cada acto sexual tuviera que ser la proverbial "cogida del siglo". Estas cuatro posiciones son una renuncia a asumir la conjunción imposible/real del amor y el sexo; un verdadero amor se basta a sí mismo, vuelve al sexo irrelevante — pero precisamente porque "fundamentalmente no importa", podemos disfrutarlo plenamente sin ninguna presión superyoica... E, inesperadamente, esto nos trae de vuelta a Lenin: cuando, en 1916, la (en ese momento ex–) señora de Lenin, Inessa Armand, le escribió que una pasión fugaz era más poética y más limpia que los besos sin amor entre marido y mujer, él le contestó:

> *Besos sin amor entre esposos vulgares son repugnantes. Estoy de acuerdo. Hay que compararlos... ¿con qué? ... Podría ser: besos con amor. Pero tú comparas 'una pasión (¿por qué no un amor?) fugaz (¿por qué fugaz?)' — y sale lógicamente como si los besos sin amor (fugaces) se compararan con los besos matrimoniales sin amor... Es raro.*[63]

Esta contestación de Lenin es considerada usualmente como una prueba de su constreñimiento sexual pequeñoburgués, a causa de su amargo recuerdo de un *affaire* pasado; sin embargo, hay más: la comprensión de que los "besos sin amor" matrimoniales y el "fugaz asunto" extramarital son las dos caras de la misma moneda – ambos esquivan la *combinación real* de un lazo apasionado e incondicional con la forma de la proclamación simbólica. Lenin tiene razón aquí, aunque no en el sentido mojigato tradicional de preferir el matrimonio

---

[63] Citado por Robert Service, *Lenin*, Londres: Macmillan 2000, pág. 232.

"normal" sin amor a la promiscuidad ilícita. La visión subyacente sería que, contra todas las apariencias, el amor y el sexo son no sólo distintos, sino en última instancia incompatibles, que ambos operan a niveles completamente diferentes, como *agapé* y *eros*: el amor sería caritativo, se auto–eliminaría, avergonzado de sí mismo, mientras que el sexo sería por el contrario intenso, afirmativo de sí, posesivo, inherentemente *violento* (o al contrario: amor posesivo *versus* complacer generosamente en los placeres sexuales). Sin embargo, el verdadero milagro ocurre cuando (excepcionalmente, no "como regla"), estas dos series coinciden momentáneamente, cuando el sexo es "transubstancializado" en un acto de amor – algo que es real/ imposible en el preciso sentido lacaniano, y como tal marcado por una rareza inherente. Hoy, es como si el nudo de tres que caracterizó a la sexualidad tradicional (reproducción, placer sexual, amor) se estuviera disolviendo gradualmente: la reproducción es delegada a procedimientos de la biogenética que están volviendo redundante el comercio sexual, el sexo mismo se ha convertido en una diversión recreativa, mientras se reduce el amor al dominio de la "realización emocional"[64]. En semejante situación, es de lo más preciado que nos recuerden esos raros momentos milagrosos en los que dos de estas tres dimensiones todavía pueden superponerse. Casi estaríamos tentados de parafrasear la cita de Brecht "¿Qué es robar un banco comparado con fundar un banco?", de la siguiente manera: ¿Qué es un *affaire* extramarital comparado con un *affaire* que se declara públicamente en la forma de un matrimonio?

[]

---

64 Para esta idea de un nudo, me baso en Ruediger Safranski, *Theorie ueber die Liebe ober Theorie aus Liebe?*, intervención en el coloquio *Ueber die Liebe*, Schloss Elmau (Alemania), 15 de agosto del 2001. E, incidentalmente, ¿no encontramos de nuevo aquí la tríada RSI: lo Real de la reproducción biogenética, lo Imaginario de las intensas experiencias de placer, lo Simbólico de las relaciones intersubjetivas?

Seis:
La violencia redentora

En *Gasparone*, un tonto musical alemán de 1937, la joven Marika Roekk, al ser reprochada por su padre por tratar duramente a su novio rico y poderoso, rápidamente le responde: "¡yo lo amo, por lo que tengo derecho a tratarlo en la forma que quiera!". Hay una verdad en esta afirmación: lejos de obligarme a ser "respetuoso" y "considerado" — todos signos de fría distancia –, el amor en cierto modo me permite dispensarme de estas consideraciones. ¿Esto significa que el amor da una especie de *carte blanche*, justificando toda brutalidad? No, y en ello reside el milagro del amor: *el amor pone sus propias reglas*, de manera que, dentro de una relación amorosa, está claro inmediatamente cuándo se trata de amor y cuándo no (igual que con los términos políticamente incorrectos, que también pueden usarse como prueba de que se es un amigo real de la persona interesada). Como ya aprendimos a propósito de la Cristiandad, el verdadero amor y la violencia nunca son absolutamente externos el uno al otro – a veces, las violencia es la única prueba de amor. *El club de la pelea* de David Fincher (1999), un logro extraordinario para Hollywood, trata directamente de este nudo entre amor y violencia.

El insomne héroe de la película (extraordinariamente interpretado por Edward Norton) sigue el consejo de su doctor y, para descubrir cómo es el verdadero sufrimiento, comienza a visitar un grupo de autoayuda de víctimas de cáncer testicular. Sin embargo, pronto descubre que tal práctica de amor al prójimo descansa en una posición subjetiva falsa (de compasión voyeurista), y pronto se involucra en un ejercicio mucho más radical. En un vuelo, se encuentra con Tyler (Brad Pitt), un joven carismático que le explica la nulidad de su vida, llena de fracasos y de la cultura vacía del consumo, y le ofrece una solución: ¿por qué no pelear entre ellos, pegándose hasta quedar deformes? Gradualmente, se desarrolla un movimiento entero a partir de esta idea: se llevan a cabo peleas nocturnas secretas en los sótanos de los bares por todo el país. El movimiento se politiza rápidamente, organizando ataques terroristas contra las grandes corporaciones... En el medio de la película, hay una escena casi intolerablemente dolorosa, digna de los más bizarros momentos de David Lynch, que sirve de pista para entender el sorprendente giro final de la película: a fin de obligar a su jefe a que le pague por no trabajar, el narrador se tira al suelo sucesivamente en la oficina del hombre, pegándose hasta sacarse sangre, antes de que llegue la seguridad del edificio; delante de su jefe avergonzado, el narrador actúa así sobre sí mismo la agresividad de los jefes hacia él.

¿Qué simboliza esta auto–paliza? En un primer acercamiento, está claro que su intención fundamental es extender la mano y reestablecer la conexión con el Otro real, es decir, suspender la abstracción y frialdad fundamental de la subjetividad capitalista, que puede ejemplificarse con la figura del individuo solitario monádico que, solo delante de la pantalla de su computadora, se comunica con el mundo entero. En contraste con la compasión humanitaria, que nos permite retener nuestra distancia con respecto al otro, la violencia misma de la lucha señala la abolición de esta distancia. Aunque esta estrategia es arriesgada y ambigua (puede retroceder fácilmente a la lógica machista proto–fascista de la vinculación violenta entre varones), este riesgo tiene que ser asumido — no hay ninguna otra manera directa de salir del cierre de la subjetividad capitalista. La primera lección del *Club de la pelea* es entonces que no se puede pasar *directamente* de la subjetividad capitalista a la revolucionaria: la abstracción, la forclusión de los otros, la ceguera para con el sufrimiento y el dolor de los otros, tiene que romperse primero en el gesto de asumir el riesgo y alcanzar directamente el sufrimiento del otro — un gesto que, al sacudir el corazón mismo de nuestra identidad, no puede sino aparecer como sumamente violento. Sin embargo, hay otra dimensión funcionando en la auto–paliza: la identificación escatológica (excrementicia) del sujeto, que equivale a adoptar la posición del proletario, que no tiene nada que perder. El sujeto puro sólo surge a través de esta experiencia de auto–degradación radical, cuando deja/provoca al otro a sacudirlo de un golpe, vaciándolo de todo contenido sustancial, de todo soporte simbólico que podría conferirle un mínimo de dignidad. Por consiguiente, cuando Norton se golpea delante de su jefe, su mensaje al jefe es: "Sé que usted quiere pegarme, pero, usted ve, su deseo de pegarme es también mi deseo, así que, si usted fuera a pegarme, estaría cumpliendo el papel de sirviente de mi deseo masoquista perverso. Pero usted es demasiado cobarde para actuar su deseo, así que lo haré por usted — aquí lo tiene, lo que usted realmente quiso. ¿Por qué está tan avergonzado? ¿No está listo para aceptarlo?"[65]. Crucial es aquí la brecha entre la fantasía y la realidad: el jefe, claro, nunca habría pegado efectivamente a Norton, él meramente estaba fantaseando con hacerlo, y el efecto doloroso de la auto–paliza de Norton pivotea sobre el hecho mismo de que él actúa el contenido de la fantasía secreta que su jefe nunca podría actualizar.

Paradójicamente, semejante escenificación es el primer acto de liberación: por medio de él, la ligazón libidinal masoquista del sirviente a su amo es traída a la luz, y el sirviente adquiere así una *distancia* mínima para con ella. A un nivel ya puramente formal, el pegarse a sí mismo muestra claramente el simple hecho de que *el amo es superfluo*: "¿Quién lo necesita para aterrorizarme? ¡Puedo hacerlo yo mismo!". Es así que sólo a través de pegarse (golpearse) primero *a sí mismo*, uno puede liberarse: la verdadera meta de esta paliza es sacar lo que en mí me ata al amo. Cuando, hacia el final de la película, Norton se dispara a sí mismo (sobreviviendo al tiro, habiendo sólo matado efectivamente al "Tyler en él", su doble), por ese mismo hecho él también se libera de la relación especular dual del golpear: en esta culminación de la auto–agresión, su lógica se cancela a sí misma, Norton ya no tendrá que pegarse más — ahora él podrá pegar al verdadero enemigo (el sistema). Y, ocasionalmente, la

---

[65] El único caso similar es *Irene y yo*, en la que Jim Carrey se pega a sí mismo — aquí, por supuesto, en forma cómica (aunque dolorosamente exagerada), como un caso de personalidad desdoblada donde una parte golpea a la otra. Aunque hay, sin embargo, una escena en *Harry el Sucio* de Don Siegel, que de algún modo anuncia la auto–paliza del *Club de la pelea*: el asesino serial, para denunciar a "Harry el Sucio" (el Inspector Callahan, interpretado por Clint Eastwood) por brutalidad policíaca, contrata a un gamberro para que le desfigure la cara — incluso cuando su cara ya está empapa en sangre, él continúa solicitando: "¡Pégueme más duro!".

misma estrategia se usa de vez en cuando en las manifestaciones políticas: cuando una multitud se encuentra con una formación de la policía lista para pegarles, la manera de provocar una inversión chocante de la situación es que los individuos de la multitud empiecen a pegarse entre sí. En su ensayo sobre Sacher–Masoch[66], Gilles Deleuze elaboró este aspecto en detalle: lejos de brindar alguna satisfacción al testigo sádico, la auto–tortura del masoquista frustra al sádico, privándolo de su poder sobre el masoquista. El sadismo involucra una relación de dominación, mientras que el masoquismo es el primer paso necesario para la liberación. Cuando estamos sujetos a un mecanismo de poder, esta sujeción siempre y por definición está sostenida en algún investimiento libidinal: la misma sujeción genera un plus–de–goce propio. Esta sujeción está encarnada en una red "material" de prácticas corporales, y, por esta razón, no podemos librarnos de nuestro sometimiento a través de una reflexión meramente intelectual — nuestra liberación tiene que ser *escenificada* en algún tipo de actuación corporal, y, además, esta actuación tiene que ser de una naturaleza aparentemente "masoquista", tiene que poner en escena el doloroso proceso de pegarse a sí mismo. ¿Y no adopta Sylvia Plath la misma estrategia en su famoso *Papá*?

> *Lo que ella hace en el poema es, con un raro desapego, volver la violencia contra sí para mostrar que puede igualar a sus opresores con su opresión auto–infligida. Y ésta es la estrategia de los campos de concentración. Cuando hay sufrimiento en cualquier cosa que uno hace, al infligirlo en uno mismo se logra la propia identidad, se es libre.*[67]

Esto también resuelve el problema de la referencia de Plath al holocausto, es decir, el reproche de algunos de sus críticos de que su igualación implícita de la opresión de su padre y lo que los nazis le hicieron a los judíos es una exageración inadmisible: lo que importa no es la magnitud (evidentemente incomparable) del crimen, sino el hecho de que Plath se vio forzada a adoptar la estrategia de los campos de concentración, volviendo la violencia contra sí misma como único medio de liberación psíquica. Por esta razón, también sería demasiado simplista considerar su actitud como la típica actitud histérica ambigua hacia el padre (el horror ante su presencia opresiva y, simultáneamente, su evidente fascinación libidinal por él — "Toda mujer adora a un fascista, la bota en la cara..."): este nudo histérico[68], constituido por el investimiento libidinal de la propia victimización, por otra parte no puede deshacerse nunca. Es decir, no se puede oponer la conciencia "redentora" de la opresión al goce "patológico" que el sujeto histérico obtiene a partir de esta opresión misma, interpretando su conjunción como resultado de "la liberación de la dominación patriarcal como proyecto infinito" (para parafrasear a Habermas), es decir, como índice de la escisión entre la "buena" conciencia feminista de la sujeción y la persistencia de la economía libidinal patriarcal que encadena al sujeto histérico al patriarcado, transformando su subordinación en una *servitude volontaire*. Si éste fuera el caso, entonces la solución sería simple: uno debería promulgar lo que, atinente a Proudhon, Marx caracterizó como el procedimiento pequeño–burgués ejemplar de distinguir en cada fenómeno el aspecto "bueno" y el "malo", afirmando luego el bueno y descartando el malo — en nuestro caso, esforzándonos por mantener el aspecto "bueno" (la conciencia de la opresión) y desechar el "malo" (encontrar placer en la opresión). La razón por la cual esta forma de "desatar el nudo" no funciona es que *el único verdadero saber de nuestra sujeción es el saber del placer excesivo obsceno* (el plus–de–goce) que obtenemos de él; lo que explica por qué el gesto de liberación primero no podría consistir en librarse de este placer excesivo, sino en asumirlo activamente — exactamente lo que hace el héroe del *Club de la pelea*. Si, siguiendo a Fanon, definimos a la violencia política no como opuesta, sino precisamente como la versión política última del "trabajo de lo negativo", del proceso hegeliano de la *Bildung*, de la auto–formación educativa, entonces la violencia debe concebirse principalmente como auto–violencia, como re–formación violenta de la substancia misma del ser del sujeto – en ello reside la lección del *Club de la pelea*.

85

---

[66] Ver Gilles Deleuze, *Masoquismo y Frialdad*, Nueva York: Zone Books 1993.

[67] Citado en Claire Brennan, *La Poesía de Sylvia Plath*, Cambridge: Icon Books 2000, pág. 22.

[68] Tomé prestado este término del estudio de Elisabeth Bronfen sobre la histeria *El sujeto anudado*, Nueva York: Columbia University Press 2000.

En su *Autobiografía*, Bertrand Russell nos cuenta que cuando estaba intentando ayudar a T.S.Eliot y su esposa Vivien en sus problemas matrimoniales, "descubrí que sus problemas eran lo que ellos disfrutaban"[69] — para abreviar, los ayudó hasta que descubrió que ellos gozaban su síntoma... ¿Cómo, entonces, deberíamos trazar una línea de demarcación clara entre esta violencia redentora y el *acting out* brutal, que sólo confirma el propio atrapamiento? En una excelente lectura de Walter Benjamín, las *Tesis sobre la Filosofía de la Historia*[70], Eric Santner reelabora la noción de Walter Benjamín de que una intervención revolucionaria actual repite/redime intentos fallidos pasados: los "síntomas" – las marcas pasadas que se redimen retroactivamente a través del "milagro" de la intervención revolucionaria — no son tanto "hechos olvidados, sino más bien infortunios olvidados del acto, fracasos en *suspender* la fuerza del lazo social que inhibe actos de solidaridad con los otros de la sociedad":

> *Los síntomas no sólo registran intentos revolucionarios fallidos pasados sino, más modestamente, fallas pasadas en responder a los llamados a la acción, o incluso a la empatía, en nombre de aquellos cuyo sufrimiento en algún sentido pertenece a la forma de vida de la cual uno es parte. Ellos sostienen el lugar de algo que está allí, que insiste en nuestra vida, aunque nunca haya logrado plena consistencia ontológica. Los síntomas son así en algún sentido archivos virtuales de ausencias — o, quizás mejor, defensas contra ausencias – que persisten en la experiencia histórica.*

Santner especifica cómo estos síntomas también pueden tomar la forma de perturbaciones de la vida social "normal", como participaciones en rituales obscenos de la ideología reinante, al estilo del infame *Kristallnacht* de 1938 – este estallido de violencia, mitad organizado y mitad espontáneo, contra casas judías, sinagogas, negocios, y las propias personas — un verdadero "carnaval" bajtiniano, si los hay. Este *Kristallnacht* debe ser leído precisamente como un "síntoma": la furia contenida en semejante estallido de violencia hace de él un síntoma – una formación defensiva que cubre el vacío del fracaso para intervenir efectivamente en la crisis social. En otros términos, la furia misma de los pogroms antisemitas es una prueba *a contrario* de la posibilidad de una revolución proletaria auténtica: su exceso de energía sólo puede ser leído como la reacción al saber ("inconsciente") de la oportunidad revolucionaria perdida. ¿Y no es también el sentido principal de la *Ostalgie* (la nostalgia por el pasado comunista) entre muchos intelectuales (e incluso "gente vulgar") de la difunta República Democrática Alemana, el anhelo — no tanto por el pasado comunista, por lo que efectivamente sucedía bajo el comunismo, sino, más bien — por lo que podría *haber pasado* allí, por la oportunidad perdida de otra Alemania? Por consiguiente, ¿no son también los estallidos post–comunistas de violencia neonazi, una prueba negativa de la presencia de estas oportunidades emancipatorias, un estallido sintomático de rabia que muestra la conciencia por las oportunidades perdidas? No deberíamos temer de hacer un paralelo con la vida psíquica individual: de la misma manera que el conocimiento de una oportunidad "privada" perdida (digamos, la oportunidad de comprometerse en una relación amorosa plena) a menudo deja sus rastros en la forma de ansiedades "irracionales", dolores de cabeza, ataques de rabia; el vacío de la oportunidad revolucionaria perdida puede estallar en ataques "irracionales" de furia destructiva...

Así, volviendo al *Club de la pelea*, ¿no es entonces la idea misma de un "Club de la pelea", de encuentros nocturnos de hombres que juegan el juego de pegarse entre ellos, el modelo mismo de tal falsa transgresión/excitación, del impotente *pasaje al acto* que testimonia de un fracaso para intervenir efectivamente en el cuerpo social? ¿El *Club de la pelea* no representa un caso ejemplar de *transgresión inherente*: lejos de socavar efectivamente el sistema capitalista, actúa la parte obscena del sujeto capitalista "normal"? Este aspecto fue desarrollado en detalle por Diken y Laustsen, en su excelente artículo: *¡Disfrute su pelea!*, el análisis más representativo del *Club de la pelea*:   **87**

---

[69] *Autobiografía* de Bertrand Russel, Londres: Routledge 2000, pág. 295.

[70] Eric Santner, *Los milagros ocurren: Benjamín, Rosenzweig, y los límites de la Ilustración*, trabajo inédito (2001) que contiene una crítica (totalmente justificada) de mi propia lectura de las "Tesis" en El *sublime objeto de la ideología* (Londres: Verso Books 1989).

El sujeto normalizado que se atiene a la ley se encuentra acechado por un doble espectral, por un sujeto que materializa la voluntad de transgredir la ley en su goce perverso. /.../ Así, El club de la pelea *es casi una contestación 'anti–institucional' al capitalismo contemporáneo, de manera que la creatividad, la perversión o la transgresión no son necesariamente emancipatorias hoy. /.../ En lugar de un acto político,* El club de la pelea *parece ser así una experiencia subjetiva hipnoide, un tipo de actividad carnavalesca pseudo–bajtiniana en la que el ritmo de vida cotidiano sólo es suspendido temporariamente. /.../* El problema con El club de la pelea *es que cae en la trampa de presentar su problemática, la violencia, con una distancia cínica.* El club de la pelea *es por supuesto una película sumamente reflexiva e irónica. Incluso puede decirse que es una ironía del fascismo.*[71]

El fundamento último de esta ironía es que, de acuerdo con la mercantilización global del capitalismo tardío, el intento mismo de hacer estallar el universo de las mercancías del *Club de la Pelea*, se ofrece como una "mercancía experiencial": en lugar de una práctica política concreta, tenemos una explosión esteticista de violencia. Además, siguiendo a Deleuze, Diken y Laustsen disciernen en *El club de la pelea* dos peligros que invalidan su potencial subversivo; primero, su tendencia a extremar el espectáculo de (auto)destrucción extática — la política revolucionaria es anulada en función de una orgía de aniquilación esteticista despolitizada; en segundo lugar, la explosión revolucionaria "desterritorializa, masifica, pero sólo para inventar nuevas territorializaciones": "a pesar de su comienzo desterritorializante, el *Club de la Pelea* termina transformándose en una organización fascista con un nuevo nombre: Proyecto Mayhem. La violencia ahora se vuelve hacia fuera, lo que culmina en un plan de terror *organizado* para minar los fundamentos de la sociedad de consumo". Según los autores, estos dos peligros son complementarios, ya que "la regresión a la desorganización indiferenciada o completa es tan peligrosa como la transcendencia y la organización".

¿La verdadera solución sería entonces una "justa medida" entre los dos extremos, ni la nueva Organización ni la regresión a la violencia indiferenciada? Lo que debe problematizarse aquí es, más bien, la oposición misma entre de– y re–territorialización, es decir, la idea deleuziana de una tensión irreductible entre la colectividad esquizofrénica–molecular "buena" y la paranoica–molar "mala": molar/rígido contra molecular/blando; los *flujos* rizomáticos, con su segmentaridad molecular (basada en mutaciones, desterritorializaciones, conexiones y aceleraciones), contra las clases o sólidos, con su segmentaridad rígida (organización binaria, resonancia, sobrecodificación)...[72] Esta oposición (una variación de la vieja tesis de Sartre, en su *Crítica de la Razón Dialéctica*, sobre la inversión dialéctica de la praxis del grupo auténtico en la lógica "práctico–inerte" de la institución alienada — el propio Deleuze se refiere a menudo directamente a Sartre) es una universalización falsa ("abstracta"), en la medida en que no ofrece espacio alguno para articular la distinción clave entre estas dos lógicas diferentes de conexión entre micro y macro, local y global: el Estado "paranoico" que "reterritorializa" la explosión esquizofrénica de la multitud molecular no es el único marco imaginable de organización colectiva global; el *Partido revolucionario* leninista da cuerpo a (o, más bien, anuncia) una lógica totalmente diferente de colectividad. (Lo que subyace a esta oposición es, por supuesto, la profunda desconfianza anti–leninista de Deleuze a cualquier forma de Organización global firme).

Como ya estaba claro para Deleuze, no se puede proporcionar un criterio inequívoco que nos permita delimitar de antemano el "falso" estallido violento y el "milagro" de la auténtica ruptura revolucionaria. La ambigüedad es aquí irreductible, ya que el "milagro" sólo puede ocurrir a través de la repetición de fracasos anteriores. Y ésta es también la razón por la cual la violencia es un ingrediente necesario de todo acto político revolucionario. Es decir, que el criterio de un acto político no es el éxito, que como tal claramente no cuenta, aun cuando lo definamos a la manera dialéctica de Merleau–Ponty, como la apuesta a que el futuro redimirá retroactivamente nuestros actos horribles presentes (así es cómo, en su *Humanismo y Terror*, **89**

---

[71] Bulent Diken y Carsten Bagge Laustsen, ¡*Disfrute su pelea! El Club de la pelea como síntoma de la Sociedad de Red* (manuscrito inédito).

[72] Para una exposición más sistemática de estos dos niveles, ver Gilles Deleuze y Félix Guattari, *Mil Mesetas*, Minneapolis: Universidad de Minnesota, 1987.

Merleau–Ponty proporcionó una de las justificaciones más inteligentes del terror estalinista: retroactivamente, se justificará si su resultado último es la verdadera libertad); tampoco el criterio podría ser la referencia a normas éticas abstractas–universales. El único criterio posible es completamente *inherente*: el de la *utopía en acto*. En una verdadera ruptura revolucionaria, el futuro utópico no está ni simplemente realizado por completo, presente, ni simplemente evocado como una promesa remota, que justifique la violencia presente — es más bien como si, en una suspensión única de la temporalidad, en el cortocircuito entre el presente y el futuro, pudiéramos — como por Gracia divina — durante un lapso breve de tiempo, actuar *como si* el futuro utópico estuviera (no todavía totalmente aquí, pero) ya a mano, justo allí para ser atrapado. La revolución no puede experimentarse como una privación presente que tenemos que soportar por la felicidad y la libertad de las generaciones futuras, sino como la urgencia actual sobre la cual esta felicidad y libertad futuras ya han proyectado su sombra — allí, *ya somos libres mientras luchamos por la libertad*, ya somos felices al luchar por la felicidad, no importa cuán difíciles sean las circunstancias. La Revolución no es una apuesta merlopontiana, un acto suspendido en el *futur antérieur*, a ser legitimado o deslegitimado por el resultado a largo plazo de los actos presentes; por el contrario, es como si fuera *su propia prueba ontológica*, un índice inmediato de su propia verdad.

Permítasenos recordar la puesta en escena de *Atacando el palacio invernal* que tuvo lugar en Petrogrado, en el tercer aniversario de la Revolución de octubre, el 7 de noviembre de 1920. Decenas de miles de obreros, soldados, estudiantes y artistas trabajaron alrededor del reloj, manteniéndose a base de *kasha* (unas gachas de trigo insípidas), té y manzanas heladas, preparando la puesta en escena en el mismo lugar donde el acontecimiento "realmente tuvo lugar" tres años atrás; el trabajo era coordinado por los oficiales del Ejército, así como por artistas de vanguardia, músicos y directores, desde Malevich hasta Meyerhold. Aunque se trataba de una actuación y no de "la realidad", varios soldados y marineros estaban representando el papel de sí mismos — muchos de ellos no sólo realmente participaron en los acontecimientos de 1917, sino también estuvieron involucrados simultáneamente en las batallas de la Guerra Civil, que estaban rugiendo en una vecindad cercana a Petrogrado, una ciudad sitiada y que estaba padeciendo escaseces severas de comida. Un contemporáneo hizo un comentario sobre la puesta en escena: "El historiador futuro registrará que, a lo largo de una de las más sangrientas y brutales revoluciones, toda Rusia estaba actuando"[73]; y el teórico formalista Viktor Shklovski anotó que "algún tipo de proceso elemental está teniendo lugar, en el que el tejido viviente de la sociedad está transformándose en teatral"[74]. Todos recordamos los infames desfiles auto–celebratorios del Primero de Mayo, que fueron uno de los signos supremos de reconocimiento de los regímenes estalinistas — si se necesita una prueba de que el leninismo funcionaba de una manera completamente diferente, ¿no son tales actos celebratorios la prueba suprema de que la Revolución de octubre no fue en absoluto un simple golpe de estado, por parte de un pequeño grupo de bolcheviques, sino un acontecimiento que liberó un tremendo potencial emancipatorio?

Las arquetípicas escenas eisensteinianas, que muestran orgías exuberantes de violencia destructiva revolucionaria (lo que el propio Eisenstein llamó "una verdadera bacanalia de destrucción") pertenecen a esta misma serie: cuando, en *Octubre*, los revolucionarios victoriosos penetran en las bodegas de vino del Palacio de Invierno, se complacen allí en una orgía extática al aplastar miles de costosas botellas de vino; en *Behzin Meadow*, después de que los Pioneros del pueblo descubren el cuerpo del joven Pavlik, brutalmente asesinado por su propio padre, se abren camino a la fuerza hasta la iglesia local y la profanan, robando sus reliquias, peleando encima de un ícono, probándose sacrílegamente sus vestiduras, riendo heréticamente de la estatuaria... En esta suspensión de la actividad instrumental orientada a fines, efectivamente realizamos un "libre gasto" batailleano — el deseo piadoso de privar a la Revolución de este exceso, es simplemente el deseo de tener una revolución sin revolución. Es contra este fondo que debemos aproximarnos al delicado problema de la violencia

---

[73] Citado por Susan Morss, *Dreamworld and Catastrophe*, pág. 144.

[74] Op. cit., pag. 144

revolucionaria, que es un acto auténtico de liberación, y no sólo un ciego *passage l'acte*[75].

¿Y no se repitió exactamente la misma escena durante la gran Revolución Cultural en China, con miles de Guardias Rojos destruyendo extáticamente viejos monumentos históricos, haciendo trizas porcelanas antiguas, profanando viejas pinturas y desgarrando antiquísimas paredes?[76] A pesar de (o, más bien, debido a) todos sus horrores, la Revolución Cultural contuvo indudablemente elementos de semejante utopía en acto. Hacia su propio fin, antes de que la agitación fuera detenida por el propio Mao (una vez que ya había logrado su objetivo de reestablecer el pleno poder y librarse de la competición de la alta *nomenklatura*), se había formado la "Comuna de Shanghai": un millón de obreros que simplemente tomaron en serio los eslóganes oficiales, exigiendo la abolición del Estado e incluso del propio Partido, así como la organización comunal directa de la sociedad. Es significativo que fuera en este mismo punto que Mao pidió la restauración del orden. La paradoja es la de un líder que desencadena un levantamiento desenfrenado, intentando a la vez ejercer un poder personal pleno – la superposición de una dictadura extrema y la emancipación extrema de las masas.

Y es con respecto al estatuto del terror político que puede localizarse una divisoria de aguas entre la era de Lenin y el estalinismo[77]: en tiempos de Lenin, el terror era admitido abiertamente (Trotsky a veces incluso alardeaba, de una manera casi arrogante, sobre la naturaleza no–democrática del régimen bolchevique y el terror utilizado), mientras que en los tiempos de Stalin, el estatuto simbólico del terror cambió completamente: el terror se convirtió en el suplemento oscuro obsceno, no reconocido abiertamente, del discurso público oficial. Es significativo que el clímax del terror (1936/37) tuviera lugar después de que la nueva Constitución fue aceptada en 1935 — se suponía que esta constitución pondría fin al estado de emergencia y marcaría el retorno de las cosas a la normalidad: la suspensión de los derechos civiles de estratos enteros de la población fue revocada (para los *kulaks*, los ex–capitalistas), el derecho a votar se declaró universal, etc., etc. La idea central de esta constitución era que ahora, después de la estabilización del orden Socialista y la aniquilación de las clases enemigas, la Unión Soviética no era más una sociedad de clase: el sujeto del Estado no era más la clase trabajadora (obreros y campesinos), sino el pueblo. Sin embargo, esto no significa que la constitución estalinista fuera una simple hipocresía para ocultar la realidad social — la posibilidad del terror está inscripta en su mismo núcleo: desde que la guerra de clases se proclama como terminada, y la Unión Soviética se concibe como el país sin clases del Pueblo, aquellos que (presumiblemente) se oponen al régimen no son enemigos de clase en un conflicto que escinde el cuerpo social, sino enemigos del Pueblo, insectos, escoria sin valor que debe ser excluida de la humanidad como tal.

Esta represión del propio exceso del régimen fue estrictamente correlativa de la invención del individuo psicológico liberal, que no tuvo lugar en la Unión Soviética hasta fines de los años veinte y principios de los treinta. El arte vanguardista ruso de principios de los 20s (futurismo, constructivismo) no sólo apoyó celosamente la industrialización, sino que se esforzó incluso por reinventar un

---

[75] Con respecto a este punto, la figura crucial del cine soviético no es Eisenstein, sino Alejandro Medvedkin, apropiadamente nombrado por Christ Marker como "el último bolchevique" (ver el excelente documental de Marker, *El último bolchevique* de 1993). A la vez que apoyaba sinceramente la política oficial, inclusive la colectivización forzada, Medvedkin hizo películas que escenificaban este apoyo en una forma tal que retuvo el impulso lúdico inicial utópico–subversivo; por ejemplo, en su *Felicidad* de 1935, para combatir la religión, él nos muestra a un sacerdote imaginando ver los pechos de una monja a través de su hábito — una escena imprevista para una película soviética de los años treinta. Medvedkin disfruta así del privilegio único de ser un director de cine comunista entusiásticamente ortodoxo cuyas películas fueron *todas* prohibidas o por lo menos pesadamente censuradas.

[76] Aunque también es posible argumentar que esta violencia sí fue efectivamente un impotente *passage a l'acte*: un estallido que mostraba la incapacidad para romper con todo el peso de la tradición simbólica pasada. Para librarse eficazmente del pasado, no se necesita quebrar físicamente los monumentos — transformarlos en parte de la industria turística es mucho más eficaz. ¿No es esto lo que los tibetanos están descubriendo dolorosamente? La verdadera destrucción de su cultura no ocurrirá a la manera china, por la destrucción de sus monumentos, sino a través de la proliferación de Parques Temáticos budistas en el centro de la ciudad de Lhasa.

[77] Se podría cuestionar el término mismo de "Leninismo": ¿no fue éste inventado bajo Stalin? ¿Y no vale lo mismo para el Marxismo (como enseñanza), que fue básicamente una invención leninista?

hombre nuevo industrializado – no más el viejo hombre de las pasiones sentimentales y raíces en las tradiciones, sino el nuevo hombre que alegremente acepta su papel como engranaje en la gigantesca y coordinada Máquina industrial. Como tal, era subversivo en su misma "ultra–ortodoxia", es decir en su sobre–identificación con el núcleo de la ideología oficial: la imagen del hombre que vemos en Eisenstein, Meyerhold, en las pinturas constructivistas, etc., enfatizan la belleza de sus movimientos mecánicos, su completa des–psicologización. Lo que fue percibido en el Oeste como la pesadilla última del individualismo liberal, como el correlato ideológico de la "Taylorización", del Fordismo, era proclamado en Rusia como perspectiva *utópica* de liberación: recuérdese cómo Meyerhold afirmaba violentamente el enfoque "conductista" de la actuación — ninguna familiarización empática con el personaje que interpreta el actor, sino despiadados entrenamientos corporales que apuntan a una fría disciplina del cuerpo, a la habilidad del actor de realizar una serie de movimientos mecanizados...[78]. Lo que los artistas rusos del *avantgarde* estaban haciendo aquí era simplemente delinear las consecuencias de la propia celebración leninista de la "taylorización", como la nueva manera científica de organizar la producción. *Esto* es lo que era insoportable para la ideología estalinista oficial: que el "realismo socialista" estalinista *fuera* efectivamente un esfuerzo por reafirmar el "Socialismo con cara humana", es decir, por reinscribir el proceso de industrialización dentro de los límites del individuo psicológico tradicional: en los textos, pinturas y films del Realismo Socialista, los individuos no son ya considerados como piezas de la Máquina global, sino personas con sus cálidas pasiones.

[]

---

[78] Ver los excelentes capítulos 2 y 3 de Susan Morss, *Dreamworld and Catastrophe*.

Siete:
Contra la política pura

La forma más elemental de violencia simbólica es, como se sabe, la de la elección forzada: "Usted es libre escoger – con la condición de que elija la opción correcta". Cuando estamos atrapados en semejante dificultad, el único gesto subversivo que nos queda es enunciar la prohibición no escrita públicamente y perturbar así lo que Hegel habría llamado la "apariencia esencial" de la elección libre. La situación no obstante puede ser más compleja: a veces, la subversión mayor puede consistir en referirse irónicamente a la elección forzada como si fuera una verdadera elección. En mi juventud, recuerdo la broma que un periódico estudiantil le jugó a los comunistas en el poder. Las elecciones en Yugoslavia eran bastante parecidas a las de los otros países comunistas: el Partido (o, más bien la organización política de masas bajo su paraguas, torpemente llamada *Alianza Socialista del Pueblo Activo*) regularmente conseguía, quizás no la norma estalinista del 99,9% de los votos, pero sí una cifra que rondaba el 90% de los votos. Así que, en la tarde del día de la elección, una edición especial de este periódico estudiantil aparecía con las "últimas noticias" en grandes titulares: "¡Aunque los resultados finales no se conocen todavía, nuestros reporteros han oído de fuentes confidenciales, cercanas a la comisión de la votación, que la Alianza Socialista se encamina hacia otra victoria electoral!"[79]. Es inútil agregar que el diario fue confiscado inmediatamente y saqueado el comité editorial. ¿Qué salió mal aquí? Cuando el jefe de redacción protestó por la confiscación, les preguntó livianamente a los funcionarios del Partido: "¿Cuál es el problema? ¿Usted está sugiriendo que las

---

[79] En los años ochenta, el periódico francés *Liberation* hizo el mismo chiste, con grandes titulares el día después de las elecciones en la URSS: "Después de su triunfo electoral, el comunismo se quedará en el poder en la URSS".

elecciones son un fraude, y que los resultados se conocen de antemano?". Es interesante que la respuesta del funcionario fuera evasiva–agresiva, aludiendo directamente al pacto social tácito: "¡Basta de chistes! ¡Usted sabe lo que hizo!". Así que no es sólo que, contra la realidad de la elección forzada, a veces debe mantenerse la apariencia de la elección libre — esta apariencia misma no debe ser enfatizada demasiado ruidosamente, ya que, vía su obvia discordancia con el conocimiento común de que la elección no es muy libre, no puede sino generar un efecto cómico... Por consiguiente, cuando ambas versiones están prohibidas (no se puede articular la prohibición directamente, pero tampoco se puede afirmar directamente la apariencia de la elección libre), la única posición que queda es la de ignorar el problema, como si se tratase de un secreto público penoso: "todos sabemos que la apariencia de la elección libre es un fraude, así que no hablemos demasiado sobre ello — simplemente seguimos con el asunto".

Entonces, ¿no sería efectivamente uno de los rasgos básicos de la democracia, la transformación de la elección forzada en una elección verdaderamente libre – la transformación del enemigo (político) en adversario, del antagonismo incondicional en la competición agonística? Un adversario no es una amenaza mortal al poder, ya que el lugar está originalmente vacío, el lugar por cuya ocupación (temporaria) los diferentes agentes pueden competir legítimamente[80]. Sin embargo, siempre que se escucha hablar de la necesidad de suspender la lógica de exclusión o excomunión en el campo de la política, se debe tener presente que semejante multitud lozanamente agonística de adversarios, y no de enemigos, por definición tienen que confiar en algún pacto simbólico (explícito o implícito) que define las reglas de esta competición agonística. Debido a esta simple razón, por más amplio que sea este campo de competición agonística, la traducción del antagonismo en agonismo, del enemigo en adversario, no puede nunca ser completa — habrá siempre algún "resto indivisible", compuesto por aquellos que no reconocen este pacto. ¿Y los términos en los que debemos definir esta exclusión no son necesariamente ético–legalistas?

Lo que esto significa es que la lucha política clave no es tanto la competición agonística dentro del campo de lo admisible, entre sujetos políticos que se reconocen como adversarios legítimos, sino la lucha por la delimitación de este campo, por la definición de la línea que separará al adversario legítimo del enemigo ilegítimo. Digamos, la democracia liberal usual involucra la excomunión de la extrema derecha (fascista) y la izquierda (terrorista o comunista): no hay ningún pacto con ellos, las coaliciones están fuera de cuestión. ¿Y por qué la estrategia de la izquierda no podría ser la de imponer una exclusión aun más radical? ¿La lucha entre la derecha y la izquierda no resulta a menudo en la inclusión de la extrema derecha, aceptando la derecha su inclusión, e insistiendo la izquierda en su exclusión (Haider en Austria, la *Alleanza Nazionale* neo–fascista en Italia, etc.)? En lugar de condenar *tout court* la introducción de las categorías morales y legalistas en la lucha propiamente política, ¿por qué no *extender* su aplicación, censurando a la extrema derecha como éticamente incorrecta, como moralmente inaceptable, como el paria del cual huir? Para abreviar, ¿por qué no *adherir* abiertamente a la politización de la ética, en el sentido de abolir la distancia entre las dos, de cambiar el terreno legal y moral por otro campo de batalla, de hegemonía política, utilizando argumentos y medidas ético/legales para desacreditar al enemigo?

¿Nos exponemos por ello efectivamente a algún tipo de "extremismo" peligroso, que es también uno de los reproches usuales a Lenin? La crítica de Lenin en *El izquierdismo como la enfermedad infantil del Comunismo*, es más que actual en las últimas décadas, en las que la izquierda a menudo sucumbió a la tentación terrorista. El "extremismo" político, o "radicalismo excesivo", siempre debe leerse como un fenómeno de *desplazamiento* ideológico–político: como un índice de su contrario, de una limitación, de una negativa a "ir al extremo" efectivamente. ¿Qué fue el recurso jacobino al "terror" radical, si no un tipo de actuación histérica que denuncia su incapacidad para alterar los principios mismos del orden económico productivo (propiedad privada, etc.)? ¿Y no pasa lo mismo incluso con los "excesos" de la llamada Corrección Política? ¿No muestran ellos también su renuncia a incidir en las causas efectivas (económicas

97

[80] Este punto fue desarrollado enérgicamente por Chantal Mouffe en su *Paradoja Democrática*, Londres: Reverse Books 1999.

etc.) del racismo y el sexismo? Quizás, entonces, ha llegado el momento de problematizar el *topos* usual, compartido prácticamente por todos los izquierdistas "postmodernos", según el cual el "totalitarismo" político de algún modo es el resultado del predominio de la producción material y la tecnología por sobre la comunicación intersubjetiva y/o la práctica simbólica, como si la raíz del terror político residiera en el hecho de que el "principio" de la razón instrumental, de la explotación tecnológica de la naturaleza, fue extendido a la sociedad, de manera que se tratan a las personas como materia prima a ser transformada en el Hombre Nuevo. ¿Y por qué no sostener exactamente lo contrario? ¿No será que el "terror" político señala precisamente que la esfera de la producción (material) es *negada* en su autonomía, y subordinada a la lógica política? ¿No presupone todo "terror" político, desde el jacobino hasta la Revolución Cultural maoísta, propiamente la exclusión de la producción, su reducción al terreno de la batalla política?

Recordemos la exaltada defensa por parte de Badiou del Terror en la Revolución francesa, en la que cita la justificación de la guillotina para Lavoisier: "*La république n'a pas de besoin de savants.* /La República no tiene necesidad de científicos/". La tesis de Badiou es que la verdad de esta declaración emerge si la cortamos en seco, privándola de su final: "*La république n'a pas de besoins.* /La República no tiene necesidades/". La República encarna la lógica puramente política de igualdad y libertad, que debería seguir su camino sin consideración alguna para con el "servicio de los bienes", destinado a satisfacer las necesidades de los individuos[81]. En el proceso revolucionario propiamente dicho, la libertad se vuelve un fin–en–sí, capturado en su propio paroxismo — esta suspensión de la importancia de la esfera de la economía, de la producción (material), acerca a Badiou y a Hannah Arendt, para quien, en homología estricta con Badiou, la libertad se opone al dominio de la provisión de bienes y servicios, del mantenimiento de la economía doméstica y el ejercicio de la administración, que no pertenece a la política propiamente dicha: el único lugar para la libertad es el espacio político comunal. En este sentido preciso, el llamado de Badiou (y de Sylvain Lazarus[82]) a reapropiarse de Lenin es más ambiguo de lo que puede parecer: a lo que apunta efectivamente es nada menos que al abandono de la concepción clave de Marx, de que la lucha política es un espectáculo que, para ser descifrado, tiene que ser reenviado a la esfera de la economía (Wendy Brown ha declarado que "si el marxismo tuviera algún valor analítico para la *teoría política*, éste no estaría en la insistencia en que el problema de la libertad está contenido en las relaciones sociales declaradas implícitamente como 'apolíticas' — es decir, naturalizadas — en el discurso liberal"[83]). No sorprende que el Lenin que prefieren Badiou y Lazarus es el Lenin del *¿Qué Hacer?*, el Lenin que (en su tesis de que la conciencia socialista–revolucionaria tiene que ser introducida desde afuera a la clase obrera) rompe con el alegado "economicismo" de Marx, afirmando la autonomía de lo Político, y *no* el Lenin de *El Estado y la Revolución*, fascinado por la industria centralizada moderna, imaginando formas (despolitizadas) de reorganizar la economía y el aparato estatal.

Esta "política pura" de Badiou, Rancière y Balibar, más jacobina que marxista, comparte con su gran oponente, los Estudios Culturales anglosajones y su enfoque en la lucha por el reconocimiento, la degradación de la esfera de la economía. Es decir que todas las nuevas teorías francesas (o de orientación francesa) de lo Político, desde Balibar a Rancière, y de Badiou a Laclau y Mouffe, se orientan — para ponerlo en los términos filosóficos tradicionales – a la reducción de la esfera de la economía (de la producción material) a una esfera "óntica" privada de dignidad "ontológica". Dentro de este horizonte, no hay simplemente ningún lugar para la "crítica de la economía política" marxista: la estructura del universo de las mercancías y el capital en *El Capital* de Marx no es sólo una esfera empírica limitada, sino un tipo de *a priori* socio–transcendental, la matriz que genera la totalidad de las relaciones sociales y políticas. La relación entre la economía y la política es finalmente la de la conocida paradoja visual de "las dos caras del jarrón": cualquiera ve solo una de las dos caras de un jarrón, nunca   **99**

---

[81] Ver Alain Badiou, *L'Un se divise en Deux*, intervención en el simposio Recuperación de Lenin, Essen, 2–4 de febrero del 2001.

[82] Ver Sylvain Lazarus, *La forme Parti*, intervención en el simposio Recuperación de Lenin.

[83] Wendy Brown, *States of Injury*, Princeton: Universidad de Princeton 1995, pág. 14.

ve las dos – hay que hacer una elección[84]. De la misma manera, se puede enfocar o bien en lo político, y el dominio de economía se reduce a la "provisión de los bienes" empírica, o bien en la economía, y la política se reduce a un teatro de apariencias, a un fenómeno pasajero que desaparecerá con la llegada de la sociedad comunista desarrollada (o tecnocrática) en la que, como ya lo dijo Engels, "la administración de las personas" desaparecerá en favor de "la administración de las cosas"[85].

La crítica "política" al marxismo (la objeción de que, cuando se reduce la política a una expresión "formal" de algún proceso socio–económico "objetivo" subyacente, se pierde la apertura y la contingencia constitutiva del campo político como tal) debe complementarse así con su anverso: el campo de la economía es *en su forma misma* irreductible a la política — este nivel de la *forma* de la economía (de la economía como forma determinante de lo social) es lo que pierden los "políticos post–marxistas" franceses, cuando reducen la economía a una más de las esferas sociales positivas. En Badiou, la raíz de esta noción de "política pura", radicalmente autónoma con respecto a la historia, la sociedad, la economía, el Estado, incluso el Partido, es su oposición entre el Ser y el Acontecimiento — es aquí que Badiou sigue siendo "idealista". Desde el punto de vista materialista, un Acontecimiento surge "de la Nada", en de una constelación específica del Ser — el espacio de un Acontecimiento es la distancia "vacía" mínima entre dos seres, la dimensión "otra" que brilla a través de esta brecha.

Por consiguiente, Lenin el último estratega político no debe de ninguna manera ser separado de Lenin el "tecnócrata", que sueña con la reorganización científica de producción. La grandeza de Lenin es que, aunque le faltó el aparato conceptual apropiado para pensar juntos estos dos niveles, él era consciente de la urgencia de hacerlo — una tarea imposible, aunque necesaria[86]. De lo que se trata aquí es otra versión del "*il n'y a pas de rapport...*" lacaniano: si, para Lacan, no hay relación sexual, entonces, para el marxismo propiamente dicho, no hay relación entre la economía y la política, ningún "meta–lenguaje" que nos permita asir desde el mismo punto de vista neutro los dos niveles, aunque — o, más bien, *porque* — estos dos niveles se entrelazan indisolublemente. La lucha de clases "política" tiene lugar en medio de la economía (recuérdese el último párrafo de *El Capital* III, donde el texto se detiene abruptamente, abordando la lucha de clases), mientras que, al mismo tiempo, el dominio de la economía sirve como clave que permite descifrar las luchas políticas. No sorprende entonces que la estructura de esta relación imposible sea la de la banda de Moebius: primero, pasamos desde el espectáculo político hasta su

---

[84] Ver Fredric Jameson, *El concepto de revisionismo*, intervención en el simposio Recuperación de Lenin.

[85] ¿No se da una paradoja homóloga en el caso del Holocausto y el Gulag? O bien elevamos el Holocausto a la categoría del crimen mayor, y el terror estalinista se redime a medias con eso, reducido al papel menor de un crimen "ordinario"; o consideramos al Gulag como el resultado último de la lógica del terror revolucionario moderno, y el Holocausto queda con ello reducido, en el mejor de los casos, a otro ejemplo de la misma lógica. De algún modo, no parece posible desplegar una teoría verdaderamente "neutral" del totalitarismo, sin dar una preferencia oculta al Holocausto o al Gulag.

En la historia del comunismo en Eslovenia, hubo un momento traumático en el cual se intersectaron los juicios públicos a los campos de concentración nazi y a los Gulags estalinistas: en 1949, hubo en Ljubljana, la capital Eslovena, un juicio público comúnmente llamado el "juicio Dachau"; los acusados eran viejos comunistas que fueron arrestados por los nazis y sobrevivieron en el campo de Dachau. La mayoría de ellos ocupaban posiciones importantes en la nueva industria nacionalizada después de la Segunda Guerra Mundial, y fueron de hecho los chivos emisarios por los fracasos económicos del nuevo régimen: fueron acusados por colaborar con la Gestapo en Dachau, traicionando a sus camaradas (razón por la que sobrevivieron), y por continuar trabajando, después de la guerra, para los servicios secretos occidentales, saboteando la construcción del socialismo; después de que les hicieron confesar públicamente su culpa, la mayoría de ellos fueron condenados inmediatamente a ser fusilados, mientras que algunos de ellos fueron encarcelados en "Goli Otok /la Isla Desnuda/" en el mar Adriático, una versión yugoslava más pequeña del Gulag. Su desesperanza era suprema: después de supervivir a Dachau, ellos no encontraron ningún "gran Otro" comprensivo a quien contar su ordalía; al contrario, fueron condenados por sobrevivir (sin ninguna duda también jugó un papel en la prosecución la llamada culpa del sobreviviente). De esta manera, ellos se encontraron a sí mismos ante un vacío horrorizante, privados de cualquier apoyo simbólico, quedando su vida entera sumida en el sinsentido... **101**

[86] Y el logro de Georg Lukacs en su *Historia y Conciencia de Clase*, es que se trata de uno de los pocos trabajos que logran reunir con éxito estas dos dimensiones: por una parte, el tema del fetichismo de la mercancía y la reificación; por otro lado, el tema del Partido y la estrategia revolucionaria — razón por la cual este libro es profundamente leninista.

infraestructura económica; luego, en un segundo paso, nos confrontamos con la dimensión irreductible de la lucha política en el corazón mismo de la economía.

Hoy, la apuesta de Lenin contra el economicismo, así como contra la política pura, es crucial, a propósito de la actitud escindida hacia la economía que mantienen (lo que queda de) los círculos radicales: por una parte, los "políticos" puros antes mencionados, que abandonan la economía como sitio de lucha e intervención; por otro lado, los economicistas, fascinados por el funcionamiento de la economía global de hoy, que excluyen cualquier posibilidad de una intervención política apropiada. Hoy, más que nunca, deberíamos volver a Lenin: sí, la economía es el dominio clave, la batalla se decidirá allí, se debe romper el hechizo del capitalismo global — *pero* la intervención debe ser propiamente *política*, no económica. Hoy, cuando todo el mundo es "anticapitalista", hasta las películas de conspiración "socio–crítica" de Hollywood (desde *El enemigo del Estado* hasta *El informante*) en las que el enemigo son las grandes corporaciones, con su despiadada búsqueda de ganancias, el significante "anticapitalismo" ha perdido su aguijón subversivo. Lo que debe problematizarse es más bien el supuesto auto–evidente de este "anticapitalismo": la confianza en la substancia democrática de los honestos americanos para romper con la conspiración. *Éste* es el hueso duro del universo capitalista global de hoy, su verdadero significante–Amo: democracia.

El límite de la democracia es el Estado: en el proceso electoral democrático, el cuerpo social se disuelve simbólicamente, reducido a una pura multitud numérica. El cuerpo electoral precisamente no es un cuerpo, un todo estructurado, sino una multitud abstracta informe, una multitud sin Estado (en ambos sentidos que Badiou da a este término: el Estado como la unidad re–presentada de la multitud, y el Estado con sus aparatos). El punto no es que la democracia es inherente al Estado, sostenida por sus aparatos, sino que *ignora* estructuralmente esta dependencia. Cuando Badiou dice que el Estado siempre está en exceso con respecto a la multitud que representa, esto significa que precisamente es este exceso lo que la democracia pasa por alto estructuralmente: la ilusión democrática es que el proceso democrático puede controlar este exceso del Estado.

Esa es la razón por la cual el movimiento anti–globalización no es suficiente: en algún momento, *habrá* que problematizar su referencia supuestamente evidente a la "libertad y democracia". En ello reside la lección leninista más importante para los tiempos actuales: paradójicamente, es sólo de esta manera, problematizando la democracia, mostrando claramente que la democracia liberal *a priori*, en su noción misma (como diría Hegel), no puede sobrevivir sin la propiedad privada capitalista, que podemos ser efectivamente anti-capitalistas. ¿No demostró la desintegración del Comunismo en 1990 la más "vulgar" de las tesis marxistas, la de que la base económica real de la democracia política es la propiedad privada de los medios de producción, es decir, el capitalismo con sus distinciones de clase? La urgencia más grande después de la introducción de la democracia política fue la "privatización", el esfuerzo frenético por encontrar — a cualquier precio, de cualquier manera — *nuevos propietarios* que fueran descendientes de los viejos propietarios, cuya propiedad fue nacionalizada cuando los comunistas tomaron el poder; funcionarios ex–comunistas, *mafiosi*... quienquiera que fuera, con tal de conseguir la "base" de la democracia. La mayor ironía trágica es que todo esto está teniendo lugar demasiado tarde — exactamente en el momento en que, en las sociedades "postindustriales" del Primer Mundo, la propiedad privada empezó a perder su papel regulador central.

La batalla a pelear es así doble: primero, sí, anticapitalismo. Sin embargo, el anticapitalismo sin problematizar la forma *política* del capitalismo (la democracia parlamentaria liberal) no es suficiente, no importa cuán "radical" sea. Quizás *el* señuelo hoy es la creencia de que se puede minar capitalismo sin problematizar efectivamente el legado liberal–democrático que — como afirman algunos izquierdistas — aunque fue engendrado por el capitalismo, adquirió autonomía y puede servir para criticar al capitalismo. Este señuelo es estrictamente correlativo de su aparente contrario, de la poética descripción de amor–odio pseudo–deleuziana fascinante/fascinada **103** del Capital como un monstruo/vampiro rizomático que desterritorializa y se traga todo, indomable, dinámico, resurgiendo siempre de la muerte, al que cada crisis lo hace más fuerte, Dionisios–Fénix renaciendo... Es en esta referencia poética (anti)capitalista a Marx, que Marx esta *realmente* muerto: apropiado y despojado de su filo político.

Marx estaba fascinado por el impacto revolucionario "desterritorializante" del capitalismo que, en su dinámica inexorable, socava todas las formas tradicionales estables de interacción humana — todo lo sólido se desvanece en el aire, hasta los cadáveres de los judíos que desaparecieron en el humo de las cámaras de gas de Auschwitz... Pero su mirada del capitalismo implica que esta "desterritorialización" no lo es todo, que ésta genera nuevas "reterritorializaciones" — el obstáculo mayor al capitalismo es el capitalismo mismo, es decir, el capitalismo desencadena una dinámica que en algún momento ya no puede contener. Lejos de ser anticuada, esta última afirmación parece ganar cada vez más actualidad, con los callejones sin salida de la globalización de hoy, cuando la naturaleza inherentemente antagónica del capitalismo desmiente su triunfo mundial. Sin embargo, el problema es: ¿es todavía posible imaginar un comunismo (u otra forma de sociedad post–capitalista) en tanto formación que potencie la dinámica desterritorializante del capitalismo, liberándolo de sus constreñimientos inherentes? La visión fundamental de Marx fue que un nuevo y más alto orden social (el Comunismo) era posible, un orden que no sólo mantendría, sino incluso elevaría a un grado más alto el potencial de la espiral creciente de productividad que, en el capitalismo, a causa de su obstáculo/contradicción inherente, es sucesivamente inhibido por crisis económicas socialmente destructivas. Lo que Marx pasó por alto es que, para ponerlo en los términos usuales de Derrida, este obstáculo/antagonismo inherente, como "condición de imposibilidad" del despliegue pleno de las fuerzas productivas, es simultáneamente su "condición de posibilidad": si abolimos el obstáculo, la contradicción inherente del capitalismo, no obtenemos la impulsión plenamente liberada de productividad, finalmente liberada de su impedimento, sino que perdemos esta productividad que parecía ser simultáneamente generada e inhibida precisamente por el capitalismo — si quitamos el obstáculo, el potencial inhibido por este obstáculo se disipa... en ello residiría una posible crítica de Lacan a Marx, haciendo hincapié en el solapamiento ambiguo entre el plus–valor y el plus–de–goce[87].

En contraste con la constante auto–propulsión revolucionaria del alto estalinismo, con su movilización productiva total, el "estancado" Socialismo Real tardío se legitima a sí mismo (entre líneas, al menos) como una sociedad en la cual se puede vivir apaciblemente, evitando la tensión competitiva capitalista. Ésta fue la última línea de argumentación cuando, desde fines de los 60s en adelante, después de la caída de Krustchev (el último entusiasta que, durante su visita EE.UU., les profetizó a los norteamericanos que "sus nietos serán comunistas"), se hizo claro que el Socialismo Real estaba perdiendo el filo competitivo en su guerra con el capitalismo. De manera que el estancado Socialismo Real tardío en cierto modo ya *era* un "socialismo con cara humana": abandonando silenciosamente las grandes tareas históricas, proporcionó la seguridad de una vida cotidiana que transcurría en un benévolo aburrimiento. La actual *Ostalgie* por el Socialismo difunto consiste principalmente en una tal nostalgia conservadora por el restringido estilo de vida estrechamente auto–satisfecho; incluso artistas anti–capitalistas nostálgicos como Peter Handke y Joseph Beuys celebran este aspecto del Socialismo: la ausencia de movilización estresante y mercantilización frenética. El propio Erich Mielke, jefe de la policía secreta de la República Democrática Alemana, admitió en términos simples la incapacidad del régimen comunista para enfrentar la lógica capitalista del exceso auto–propulsante: "el Socialismo es tan bueno, que la gente exige cada vez más. Así son las cosas"[88]. Por supuesto, este giro inesperado nos dice algo sobre la deficiencia del propio proyecto marxista original:

---

[87] Para un desarrollo más extenso de este punto, ver el Capítulo 3 de Slavoj Žižek, *El Frágil Absoluto*. — Se dice a menudo que el producto final del capitalismo son montones de basura — computadoras, automóviles, televisiones y videocaseteras inútiles…: lugares como los famosos "descansaderos", donde centenares de aviones abandonados en el desierto de Mojave nos confrontan con la otra cara de la dinámica capitalista, su resto objetal inerte. La realidad de la globalización capitalista también puede ser bien ejemplificada por la victoria del lobby nuclear ruso en junio del 2001, que arrancó al parlamento ruso la decisión de importar desechos nucleares de los países occidentales desarrollados. Y es contra este fondo que debe leerse el sueño–noción ecológico/a del reciclado total (en el que todo resto se usa nuevamente), como el mayor sueño capitalista, aun cuando se disfrace de intentar crear las condiciones para sostener el equilibrio natural en la Tierra Planetaria: el sueño de la circulación auto–propulsada del capital, que avanzaría sin dejar ningún sobrante material detrás — prueba de que el capitalismo puede apropiarse de ideologías que parecen oponérsele.

éste apunta hacia la limitación de su objetivo de liberación de la movilización productiva.

La película de Wim Wenders *Buena Vista Social Club* (1999), este redescubrimiento y celebración de la música cubana pre–revolucionaria, de la tradición borrada durante largos años por la imagen fascinante de la Revolución, fue no obstante percibida como un gesto de apertura hacia la Cuba — "castrista" – de hoy. ¿No sería mucho más lógico ver en esta película el gesto nostálgico–reaccionario por excelencia, el de descubrir y resucitar los rastros del pasado pre–revolucionario por largo tiempo olvidados (los músicos en sus setenta u ochenta años de edad, las viejas calles ruinosas de La Habana, como si el tiempo se hubiera detenido por décadas)? Sin embargo, es precisamente en este nivel que puede localizarse el logro paradójico de la película: toma la nostalgia misma por el pasado musical del club nocturno pre–revolucionario, como parte del presente post–revolucionario cubano (como es claro ya en la primer escena de la película, en la que un viejo músico habla acerca de antiguas fotografías de Fidel y el Che). Esto es lo que hizo de esta película "apolítica" una intervención política ejemplar: por vía de mostrar cómo el pasado musical "pre–revolucionario" estaba incorporado en la Cuba post–revolucionaria, socava la percepción usual de la realidad cubana. El precio a pagar, por supuesto, es que la imagen de Cuba que obtenemos es la de un país donde el tiempo está detenido: nada pasa, ninguna actividad industriosa, solo hay automóviles viejos, vías de ferrocarril vacías, gente dando vueltas — y, de vez en cuando, cantan y tocan música. La Cuba de Wenders es así la versión latinoamericana de la imagen nostálgica de Europa Oriental: un espacio fuera de la historia, fuera de la dinámica de la segunda modernización actual. La paradoja (y, quizás, el mensaje último de la película) es que en ello reside la función principal de la Revolución: no acelerar ningún desarrollo social, sino, al contrario, esculpir una forma de espacio donde el tiempo está detenido.

[]

---

[88] *¡Ich liebe euch doch alle!* Befehle und Lageberichte des MfS 1989, revisado por Armin Mitter y Stefan Wolle, Berlín: BasisDruck 1990, pág. 120.

Ocho:
Porque no saben lo que creen

El capitalismo no es sólo una época histórica entre otras — en cierto modo, el alguna vez de moda y hoy olvidado Francis Fukuyama *tenía razón*, el capitalismo global *es* "el fin de la historia". Un cierto exceso que estaba como mantenido en suspenso en toda su historia previa, percibido como una perversión local, como desviación limitada, en el capitalismo está elevado al rango de principio mismo de la vida social: el movimiento especulativo del dinero que engendra más dinero, de un sistema que sólo puede sobrevivir revolucionando constantemente sus propias condiciones, es decir, en el que *la cosa sólo puede sobrevivir como su propio exceso*, excediendo constantemente sus propios límites "normales". Permítasenos tomar el caso del consumo: antes de la modernidad, se establecía una oposición directa entre el consumo moderado y su exceso (la glotonería, etc.); con el capitalismo, el exceso (el consumo de "cosas inútiles") se vuelve *la regla*, es decir, la forma elemental de comprar es el acto de comprar cosas que "realmente no necesitamos". Hay un límite ecológico de crecimiento, por supuesto: digamos, es claro que el proyecto de desarrollo rápido de China, produciendo millones de nuevos automóviles por año, desataría — en la constelación global presente — una catástrofe ecológica global. Sin embargo, uno no debería subestimar aquí la capacidad del capitalismo de colonizar dominios que parecen resistírsele, es decir, de convertir las catástrofes causadas por su propio desarrollo en incentivos para posteriores desarrollos. Si uno de los logros más altos del capitalismo es convertir toda catástrofe humana (desde las enfermedades hasta la guerra) en una fuente de inversión lucrativa, ¿por qué no podría hacerlo también con la ecología? La ilusión de que una catástrofe ecológica seria nos despertará del capitalismo y nos convertirá en devotos productores sin fines de lucro o de crecimiento, subestima fatalmente la capacidad de este capitalismo de convertir las catástrofes en bendiciones

107

disfrazadas[89]. Esta es la razón por la cual debemos permanecer fieles a la visión fundamental de Marx: la incesante expansión capitalista no encuentra su límite externamente — digamos, en los recursos ecológicos disponibles – sino en sí misma: el límite del capitalismo le es absolutamente inherente, o, como dijo el propio Marx, el límite del capitalismo es el capital mismo.

Y, quizás, es sólo hoy que, con el capitalismo global en su forma "postindustrial" digitalizada, para decirlo en términos hegelianos, el capitalismo realmente–existente está alcanzando el nivel de su noción: quizás, deberíamos prestar atención nuevamente al lema anti–evolutionista del viejo Marx (a propósito, tomado literalmente de Hegel) de que la anatomía del hombre halla su clave de la anatomía del mono, es decir que, para delinear la estructura nocional inherente de una formación social, se debe empezar por su forma más desarrollada. Marx localizó el antagonismo capitalista elemental en la oposición entre el valor–de–uso y el valor–de–cambio: en el capitalismo, los potenciales de esta oposición están totalmente actualizados, el dominio de los valores–de–cambio adquieren autonomía, se transforman en el espectro auto–propulsante del capital especulativo, que sólo utiliza las capacidades productivas y las necesidades de las personas reales como su encarnadura temporal descartable. Marx derivó la noción misma de crisis económica de esta brecha: una crisis ocurre cuando la realidad alcanza el espejismo auto–generador ilusorio del dinero que engendra más dinero — esta locura especulativa no puede seguir indefinidamente, tiene que explotar en crisis cada vez más fuertes. La raíz última de las crisis es para él la brecha entre valor de uso y de cambio: la lógica del valor de cambio sigue su propio camino, su propia danza loca, independientemente de las necesidades reales de las personas reales.

Puede parecer que este análisis es más cierto que nunca hoy, cuando la tensión entre el universo virtual y el real está alcanzando proporciones casi palpablemente insostenibles: por una parte, tenemos locas especulaciones solipsistas sobre futuros promisorios, fusiones, etc., que siguen su propia lógica inherente; por otro lado, la realidad está poniéndose al día en la guisa de catástrofes ecológicas, pobreza, colapso de la vida social en el Tercer Mundo, la enfermedad de la Vaca Loca... Esta es la razón por la cual los ciber–capitalistas pueden

108

parecer hoy los capitalistas paradigmáticos, la razón por la cual Bill Gates puede soñar con el ciberespacio como marco ideal para lo que él llama un "capitalismo sin fricciones". Lo que tenemos aquí es un cortocircuito ideológico entre dos versiones de la brecha entre realidad y virtualidad: la brecha entre la producción real y el dominio virtual/ espectral del Capital, y la brecha entre la realidad experiencial y la realidad virtual del ciberespacio. El verdadero horror del lema del "capitalismo sin fricciones" es que, aun cuando las "fricciones" reales continúen insistiendo, éstas se vuelvan invisibles, reprimidas y desalojadas en un submundo por fuera de nuestro universo postindustrial "postmoderno"; esta es la razón por la cual el sueño del universo "sin fricciones" de la comunicación digitalizada, los aparatos tecnológicos, etc., siempre se ve acechado por la idea de una catástrofe global esperando a la vuelta de la esquina, amenazando con explotar en cualquier momento.

Parece que, efectivamente, la brecha que se abre en el ciberespacio entre la fascinante persona virtual que represento y el miserable trozo de carne que "soy" fuera de la pantalla, halla un paralelo con la experiencia inmediata de la brecha entre lo Real de la circulación especulativa del capital y la gris realidad de las masas empobrecidas. Como ya dijimos antes, en el mercado de hoy encontramos toda una serie de productos privados de su propiedad maligna: café sin cafeína, crema sin grasa, cerveza sin alcohol... La Realidad Virtual simplemente *generaliza* este procedimiento de ofrecer un producto privado de su substancia: proporciona *la realidad misma* privada de su substancia, del duro hueso resistente de lo Real — de la misma manera que el café descafeinado sabe y huele como café real sin ser real, la Realidad Virtual es experimentada como realidad sin ser tal[90]. En el caso de la Realidad Virtual, la diferencia no involucra

[89] Hay ya, de hecho, predicciones de que la "próxima revolución industrial" estará enfocada en el medio ambiente como campo principal de inversiones e innovaciones capitalistas — Ver Paul Hawken, Amory Lovins y Hunter Lovins, *El capitalismo natural. La próxima Revolución Industrial*, Londres: Earthscam 1999.

[90] Y hasta podríamos incluir en esta serie al sujeto mismo: ¿no es el llamado "sujeto proteico" postmoderno precisamente un "sujeto (o, más bien, una subjetividad) sin sujeto", privado de la auto–negatividad radical (auto–relación) que lo hace sujeto?

sólo una cuestión de cantidad: el café sin cafeína todavía es parte de la realidad, mientras que la Realidad Virtual suspende la noción misma de realidad... Sin embargo, la mejor manera de operacionalizar una crítica al capitalismo no es mediante el argumento de que la "realidad" más tarde o más temprano alcanzará al juego virtual. Quizás, el problema del capitalismo no es su danza solipsista desenfrenada, sino precisamente lo contrario: que continúa renegando de su brecha con "la realidad", que se presenta como sirviendo a las necesidades reales de las personas reales. En esto reside el motivo central de las recientes lecturas deconstruccionistas de Marx.

Permítasenos tomar *Espectros de Marx* de Derrida: ¿no hay allí una tensión entre el Derrida "oficial" anti–capitalista (su llamada a una "nueva Internacional" contra el capitalismo global), y su análisis de la espectralidad irreductible que debe suplementar la brecha de todo edificio ontológico positivo, como el proto–transcendental *a priori* que abre el espacio para la espectralidad del Capital? ¿Y esto último no lleva a Derrida a concluir que, finalmente, la crítica de Marx al capitalismo y su proyecto revolucionario de una sociedad comunista, fue un esfuerzo por reducir (o, más bien, contener) la dimensión de espectralidad y *différance* dentro del marco ontológico positivo de una humanidad desalienada, en la que el "intelecto general"[91] colectivo regularía su reproducción, en la forma de un proceso totalmente (auto)transparente? Para abreviar, ¿la conclusión de Derrida no es que el *Capital es différance*: un movimiento que nunca llega a su realización (el círculo pleno de su circulación), que siempre *pospone* el último ajuste de cuentas? El capitalismo se expande "pidiendo prestado del futuro" repetidamente, remitiéndose a algún momento futuro indefinido de "pleno reembolso", que es siempre diferido, como la reprogramación constante de las deudas de los países del Segundo y Tercer Mundo con el FMI, con la ficción (que es operativa, aunque nadie crea en ella) de que, en algún momento futuro, las deudas se cancelarán. Ya J.M. Keynes, en su crítica de la idea de que, a largo plazo, la realidad tiene que alcanzar el movimiento especulativo del capital, agregaba irónicamente que, a largo plazo, todos estaremos muertos: sin embargo, la vida económica real es precisamente el aplazamiento interminable de este arreglo total de las cuentas. En esta misma línea, en su admirable lectura derrideana del *Capital* de Marx, Kojin Karatani afirma que el capitalismo es ya su propia deconstrucción, que no es ya pensable como un gran sistema estable autocentrado perturbado por excesos e interferencias externas, sino como un sistema que, precisamente, se mantiene a través de la auto–revolución incesante, un sistema cuya inestabilidad es su misma fuerza, que está en cierto modo en exceso con respecto a sí mismo (lo que, incidentalmente, es en última instancia sólo una paráfrasis deconstruccionista de las formulaciones de Marx en el *Manifiesto Comunista*); Karatani llega finalmente a una definición completamente formal del capitalismo como un sistema auto–referencial sostenido por su propio desequilibrio estructural:

> *El sistema formal auto–referencial es dinámico debido su desfasaje interno incesante (auto–diferenciación). No puede mantener un meta–nivel o centro definitivo que sistematice un sistema. Más bien, como la 'multiplicidad de sujetos' que una vez propuso Nietzsche, es multicéntrico /.../ En síntesis, el sistema formal auto–referencial siempre está desequilibrado y en exceso.*[92]

¿Cómo es posible, entonces, un anti–capitalismo radical dentro de estas coordenadas? ¿Es suficientemente fuerte la noción de lucha anti–capitalista como lucha entre dos espectralidades, la espectralidad "mala" del capital y la espectralidad "buena" de la promesa mesiánica de justicia y democracia por venir? ¿No estaríamos obligados — en la medida en que permanecemos dentro de este marco — a aplicar la lógica deconstructiva de la suplementación sobre esta misma oposición, y afirmar que la espectralidad "buena" de la promesa mesiánica está siempre–ya contaminada por la espectralidad "mala" del Capital? La idea deconstruccionista usual de que el capitalismo es un orden que genera/contiene su propio exceso, de manera que *es* su propia *différance*, careciendo de todo centro fijo a ser subvertido, confunde

111

---

[91] Karl Marx, *Grundrisse*, pág. 706.

[92] Kojin Karatani, *La Arquitectura como metáfora*, Cambridge (Ma): MIT Press 1995, pág. 117.

así lo que Marx tan convincentemente y, uno casi está tentado de agregar, tan seductoramente describe como los "caprichos teológicos" inherentes al Capital, con su teoría de la lucha de clases y de cómo el capitalismo inexorablemente tiene que producir un exceso que en algún momento no será capaz de contener. Permítasenos echar una mirada más cercana a la descripción clásica de Marx del pasaje del dinero al capital, con sus alusiones explícitas al trasfondo hegeliano y cristiano. Primero, está el acto simple de intercambio de mercado en el que yo vendo para comprar — vendo el producto que poseo o he producido para comprar otro que es de algún modo útil para mí: "La circulación simple de las mercancías — vender para comprar — es un medio de llevar a cabo un propósito independiente de la circulación, a saber, la apropiación de valores–de–uso, la satisfacción de necesidades"[93]. Lo que ocurre con la emergencia del capital no es sólo la simple inversión del ciclo M–D–M (Mercancía–Dinero–Mercancía) en D–M–D, es decir, invertir dinero en alguna mercancía para venderla nuevamente y así obtener (más) dinero; la clave de esta inversión es la *eternización* de la circulación: "La circulación del dinero como capital es, por el contrario, un fin en sí mismo, ya que la expansión del valor tiene lugar solamente dentro de este ciclo constantemente renovado. La circulación del capital por consiguiente no tiene ningún límite"[94]. Crucial aquí es la diferencia entre el capitalista y el avaro tradicional, que acumula su tesoro en un escondite secreto, mientras que el capitalista aumenta su tesoro arrojándolo a la circulación:

> *El interminable proceso sin descanso de generar ganancias es todo a lo que apunta. Esta codicia ilimitada por las riquezas, esta persecución apasionada por el valor–de–cambio, es común al capitalista y al avaro; pero, mientras que el avaro es meramente un capitalista enloquecido, el capitalista es un avaro racional. El incremento inagotable del valor–de–cambio, por el que el avaro se esfuerza, buscando sustraer su dinero de la circulación, es logrado por el capitalista más astutamente, arrojándolo de nuevo constantemente a la circulación.*[95]

Esta locura del avaro no es sin embargo algo que simplemente desaparece con el capitalismo "normal", o su desviación patológica.

Es más bien *inherente* a él: el avaro tiene su momento de gloria con las crisis económicas. En una crisis, no es — como uno esperaría — el dinero el que pierde su valor, y debemos entonces acudir al valor "real" de las mercancías; son las mercancías mismas, la encarnación del "valor (de uso) real", las que se tornan inútiles, porque no hay nadie para comprarlas. En una crisis,

> ... *el dinero repentina e inmediatamente cambia su forma meramente nominal, dinero de cuenta, por la de dinero en efectivo. Las mercancías profanas ya no pueden reemplazarlo. El valor–de–uso de las mercancías se vuelve inválido, y su valor se desvanece frente a su propia forma-valor. El burgués, embebido en la prosperidad y arrogantemente seguro de sí mismo, ha declarado que el dinero es una creación completamente imaginaria. 'Solo las mercancías son dinero', decía. Pero ahora, el grito opuesto resuena por sobre los mercados del mundo: sólo el dinero es mercancía. /.../ En una crisis, la antítesis entre las mercancías y su forma–valor, el dinero, se eleva al nivel de contradicción absoluta.[96]*

Es de notar que, en esta elevación del dinero al estatuto de única verdadera mercancía ("... El capitalista sabe que todas las mercancías, no importa cuán sucias parezcan, o cuán malolientes sean, son con fe y en verdad dinero, judíos circuncisos hacia

---

[93] Karl Marx, *El Capital*, Volumen I, Nueva York: International Publishers 1867, pág. 253.

[94] Karl Marx, op.cit., pág. 254. — Es con este giro hacia la forma universal de la circulación como fin–en–sí, que pasamos de la ética premoderna, fundada en una referencia a algún Bien sustancial supremo, a la ética kantiana paradigmáticamente moderna, en la que finalmente sólo importa la forma del deber, es decir, en la cual el deber debe ser realizado por el solo hecho de ser deber. Esto significa que el énfasis de Lacan en que la ética de Kant es una ética inherente al universo Galileico–Newtoniano de la ciencia moderna, tiene que ser suplementado por la idea de que la ética de Kant también es una ética inherente a la lógica capitalista de la circulación como fin–en–sí.

[95] Karl Marx, op.cit., pág. 254–255.

[96] Karl Marx, op.cit., pág. 236–7.

adentro..."[97]), Marx acude a la precisa definición paulista de los cristianos como "judíos circuncisos hacia adentro": los cristianos no necesitan la circuncisión real externa, de la misma manera que el capitalista sabe que cada una de las mercancías ordinarias está ya "circuncisa hacia adentro", que su verdadera substancia es el dinero. — Es aun más llamativo cómo Marx describe el pasaje del dinero al capital en los precisos términos hegelianos del pasaje de la substancia al sujeto:

> *En verdad, sin embargo, el valor es aquí /en el capital/ el factor activo en un proceso en el que, mientras que asume constantemente a su vez la forma de dinero y mercancía, cambia al mismo tiempo en magnitud, se diferencia arrojando plus–valor de sí mismo; el valor original, en otros términos, se expande espontáneamente. Ya que el movimiento, en el curso del cual se agrega plus–valor, es su propio movimiento, su expansión, por consiguiente, es expansión automática. Porque es valor, ha adquirido la cualidad oculta de poder agregar valor a sí mismo. Trae su propia descendencia viviente, o, al menos, pone los huevos dorados. /.../*
>
> *En la circulación simple, M–D–M, el valor de las mercancías alcanzaba una forma a lo sumo independiente de sus valores–de–uso, es decir, de la forma–dinero; pero el mismo valor ahora en la circulación D– M–D, o la circulación del capital, de repente se presenta a sí mismo como substancia independiente, poseída por un movimiento propio, pasando por un proceso vital propio, en el cual el dinero y las mercancías son meras formas que éste asume y arroja de sí. No, es más: en lugar de representar simplemente las relaciones entre mercancías, entra ahora, por así decir, en relaciones privadas consigo mismo. Se diferencia de sí mismo como valor original y como plus–valor; como el padre se diferencia a él mismo de sí en tanto que hijo, aunque ambos son uno y una sola pieza: ya que es solo por el plus–valor de 10 libras que las 100 libras originalmente adelantadas se vuelven capital, y así sucesivamente esto tiene lugar, tan pronto como el hijo, y por el hijo, el padre es engendrado, tan pronto como su diferencia se desvanece, y se vuelven uno de nuevo, 110 libras[98].*

En resumen, el capital es dinero que no es ya una mera substancia de riqueza, su encarnación universal, sino valor que, a través de su circulación, genera más valor, valor que se media–

postula, poniendo retroactivamente sus propios presupuestos. Primero, el dinero aparece como un mero medio de intercambio de mercancías: en lugar del eterno trueque, se intercambia primero el producto propio por el equivalente universal de todas los mercancías, que puede luego intercambiarse por cualquier mercancía que se pueda necesitar. Entonces, una vez que la circulación del capital es puesta en movimiento, la relación se invierte, los medios se convierten en fines en sí, es decir, el pasaje mismo por el dominio "material" de los valores–de–uso (la producción de mercancías que satisfacen las necesidades particulares del individuo) es postulada como momento de lo que es substancialmente el auto–movimiento del capital mismo – de aquí en adelante, el verdadero objetivo no es ya la satisfacción de las necesidades de los individuos, sino simplemente más dinero, la repetición sin fin de la circulación como tal... Este movimiento circular de auto–postulación es igualado entonces con el principio cristiano central de la identidad de Dios–Padre y su Hijo, de la concepción inmaculada por medio de la cual el solo Padre directamente (sin esposa) engendra a su único Hijo y así forma lo que es posiblemente la familia única de un solo padre.

¿Es entonces el Capital la verdadera Substancia/Sujeto? Sí y no: para Marx, este movimiento circular auto–engendrante es — para ponerlo en términos freudianos — precisamente la "fantasía inconsciente" del capitalista, que parasita al proletariado como "pura subjetividad sin substancia"; por esta razón, la danza auto-generadora especulativa del capital tiene un límite, y provoca las condiciones de su propio colapso. Esta idea nos permite resolver el problema central de la interpretación de la cita anterior: cómo leer sus primeras dos frases: "En verdad, sin embargo...". Primero, por supuesto, ellas implican que esta verdad tiene que ser afirmada contra alguna falsa apariencia de la experiencia: la experiencia cotidiana de que la meta última de la circulación del capital es todavía la satisfacción de las necesidades humanas, que el capital es simplemente un medio para brindar esa satisfacción de una manera

115

---

97 Karl Marx, op.cit., pág. 171.
98 Karl Marx, op.cit., págs. 171–173.

más eficaz. Sin embargo, esta "verdad" *no* es la realidad del capitalismo: en realidad, el capital no se engendra a sí mismo, sino que explota el plus–valor del obrero. Hay así la necesidad de añadir un tercer nivel a la oposición simple de la experiencia subjetiva (del capital como un simple medio de satisfacer las necesidades de las personas) y la realidad social objetiva (de la explotación): el de la "percepción objetiva", la fantasía "inconsciente" renegada (del misterioso movimiento circular auto–generador del capital) que es la *verdad* (aunque no la *realidad*) del proceso capitalista. De nuevo, citando a Lacan, la verdad tiene estructura de ficción: la única manera de formular la verdad del capital es dar cuenta de esta ficción de su "inmaculado" movimiento auto–generador. Y esta visión también nos permite localizar la debilidad de la apropiación "deconstruccionista" antes mencionada del análisis de Marx del capitalismo: aunque pone el énfasis en el proceso de remisión infinita que caracteriza a este movimiento, así como a su inconclusividad fundamental, su auto–bloqueo, el parafraseo "deconstruccionista" se queda en la *fantasía* del capital — describe lo que los individuos creen, aunque no lo saben.

Lo que todo esto muestra es que la tarea urgente del análisis económico hoy es, de nuevo, *repetir* la "crítica de la economía política" de Marx, sin sucumbir a la tentación de la multitud de ideologías de las sociedades "postindustriales". El cambio principal concierne al estatuto de la propiedad privada: el elemento último de poder y control no es ya el último eslabón en la cadena de inversiones, la empresa o el individuo que "realmente posee" los medios de producción. El capitalista ideal hoy funciona de una manera totalmente diferente: invirtiendo dinero prestado, realmente "no poseyendo" nada, incluso siendo deudor, pero controlando no obstante las cosas. Una corporación es dueña de otra corporación, que está pidiendo prestado dinero de bancos, que pueden manipular dinero finalmente de propiedad de personas ordinarias como nosotros. Con Bill Gates, la "propiedad privada de los medios de producción" pierde su sentido, al menos en el significado usual del término. La paradoja de esta virtualización del capitalismo es finalmente la misma que la del electrón en la física de las partículas elementales. La masa de cada elemento en nuestra realidad está compuesta de su masa en reposo más el *plus* proporcionado por la aceleración de su movimiento; sin embargo, la masa de un electrón en reposo es cero, su masa sólo consiste en el plus generado por la aceleración de su movimiento, como si se tratase de una nada que sólo adquiere una substancia engañosa girando mágicamente sobre sí misma, en un exceso de sí misma. ¿No funciona de manera homóloga el capitalista virtual de hoy? Su "valor neto" es cero, él opera directamente solo con el *plus*, tomando prestado del futuro.

[]

Nueve:
Capitalismo cultural

El capitalismo virtual, llevado a su conclusión lógica, nos confronta con el significante–amo en su más pura expresión. Solo basta imaginar una compañía totalmente "tercerizada" — digamos, imaginemos a *Nike*, que no sólo "terceriza" su producción material (a contratistas indonesios o centroamericanos), la distribución de sus productos, su estrategia de *marketing* y las campañas publicitarias, sino también el propio diseño de los productos a alguna agencia de diseñadores selectos, y, encima de todo esto, pide prestado el dinero a un banco. *Nike* no será así "nada en sí mismo" — nada excepto la pura marca comercial "Nike", el significante–amo "vacío" que connota la experiencia cultural de pertenecer a un cierto "estilo de vida". Aquí es donde se queda corta la polémica contra el papel fetichizado del logotipo en nuestra vida diaria: casi todos pasan por alto que la eficacia de los diferentes logotipos parasita cierta brecha (entre el significante–amo y la cadena de significantes "comunes") que pertenece al lenguaje como tal — nunca podemos tener un lenguaje cuyos términos designen la realidad directamente, pasando por alto la connotación del "estilo de vida". En los años recientes, dos nuevas marcas se establecieron en el mercado de jugo de frutas (y también en el de los helados): "frutos del bosque" y "multi–vitaminas". Ambas están asociadas con un sabor claramente identificado, pero el punto es que la conexión entre la etiqueta y lo que designa es en última instancia contingente: la etiqueta no puede fundamentarse directamente en el contenido que designa. Una combinación diferente de frutos del bosque produciría un sabor diferente, y sería posible generar el mismo sabor de una manera artificial (lo mismo vale, por supuesto, también para el jugo "multivitaminas"), de manera que podríamos imaginar fácilmente que un niño, después de conseguir un jugo casero de auténticos frutos del bosque, se queje a su madre: "¡Eso no es lo que yo quiero! ¡Quiero el *verdadero* jugo de frutos del bosque!". Es demasiado fácil considerar esto solamente como un ejemplo de la manera en que las designaciones fijas funcionan dentro del fetichismo de la mercancía: lo que tales ejemplos hacen visible es una brecha que pertenece al lenguaje "como tal": siempre hay una brecha entre lo que una palabra realmente significa (en nuestro caso, el sabor reconocido como "multi-vitaminas") y lo que habría sido su significado si funcionara literalmente (cualquier jugo rico en una multitud de vitaminas). La "eficacia simbólica" autónoma es tan fuerte que a veces puede generar efectos que son casi siniestramente misteriosos; recuerdo claramente cómo reaccioné cuando, por primera vez, saboreé el helado italiano de *zuppa inglese* /sopa inglesa/: aunque no tenía ninguna idea en absoluto de qué gusto tiene (o debería tener) la "sopa inglesa", el efecto de reconocimiento fue instantáneo y espontáneo —inmediatamente "supe" que lo que estaba degustando era el sabor de la *zuppa inglese*...

Jeremy Rifkin designó esta nueva fase de la mercantilización como "capitalismo cultural"[99]. En el "capitalismo cultural", la relación entre un objeto y su símbolo-imagen se ha invertido: la imagen no representa al producto, sino, más bien, el producto representa a la imagen. Compramos un producto —digamos, una manzana orgánica— porque representa la imagen de un estilo de vida saludable. Esta inversión se extrema cuando una asociación secundaria se vuelve el punto de referencia último, como en el caso del *Concierto de Piano Nro. 20* de Mozart: después de que, décadas atrás, su segundo movimiento se utilizó para la banda de sonido de una popular historia de amor sentimental sueca *Elvira Madigan*, incluso las ediciones "serias" como regla agregan a su título —*Mozart, Concierto de Piano Nro. 20 ("Elvira Madigan")*, de manera que, cuando compramos un CD y lo escuchamos, la experiencia que compramos es la del insípido melodrama romántico... En la misma línea, la razón principal por la que tantas personas todavía continúan visitando tiendas "reales", no es tanto porque allí se puede "ver y sentir" el propio producto, sino porque se puede "disfrutar de mirar los productos como actividad recreativa en sí".

Como lo indica el ejemplo de comprar manzanas orgánicas, la protesta ecológica contra la explotación capitalista despiadada de las recursos naturales ya está atrapada por la mercantilización de las experiencias: aunque la ecología se percibe a sí misma como protesta contra la digitalización/virtualización de nuestra vida diaria, y proclama el retorno a la experiencia directa de la realidad material sensorial en toda su imprevisible fragilidad e inercia, la ecología misma es comercializada como un nuevo estilo de vida — lo que estamos comprando efectivamente cuando compramos "comida orgánica", etc., es ya una cierta experiencia cultural, la experiencia de un "estilo de vida ecológico saludable".

Y lo mismo vale para todo retorno a la "realidad": en un reciente *spot* publicitario ampliamente transmitido por las principales estaciones de televisión norteamericanas, se muestra un grupo de gente común que está comiendo un asado y bailando con música rural, con el siguiente mensaje acompañante: "Carne. La comida real para las personas reales". La ironía es que la carne ofrecida aquí como símbolo de cierto estilo de vida (campesinos norteamericanos de clase obrera "reales") está más químicamente y genéticamente manipulada que la comida "orgánica" consumida por los yuppies "artificiales".

Finalmente, la nación misma está convirtiéndose en una mercancía experiencial: compramos cosas que nos permiten experimentar nuestra participación en una Nacionalidad... Y hasta arriesgaríamos un paso más, siguiendo la tesis de Benedict Anderson sobre las naciones entendidas como "comunidades imaginadas"[100]: ¿y si las naciones fueran desde el comienzo mismo formaciones "artificiales"? ¿No es el surgimiento de las naciones modernas (en tanto opuesto a las comunidades "orgánicas" premodernas) codependiente del surgimiento del capitalismo, es decir, de la producción de mercancías? ¿no es la "Nación" el espectro de una Comunidad que empieza a acecharnos, una vez que la economía de mercado ha matado a las comunidades orgánicas "vivas"? La nación es una "comunidad imaginada", no sólo en el sentido de que su base

---

[99] Véase Jeremy Rifkin, *La Edad del Acceso*, Nueva York: JP Tarcher 2001. En líneas similares, Gerhard Schulze propuso el concepto de *Erlebnisgesellschaft*, la "sociedad de la experiencia (vivida)", en la que las normas dominantes son las del placer y experiencias de calidad de vida — Ver Gerhard Schulze, *Die Erlebnisgesellschaft. Kultursoziologie der Gegenwart*, Frankfurt y Nueva York: Campus Verlag 1992.

[100] Ver Benedict Anderson, *Las comunidades imaginadas*, Londres: Reverse Books 1991.

material son los medios de comunicación de masas (la prensa), en vez del mutuo conocimiento directo entre sus miembros; es "imaginada" también en el sentido más radical de ser un "suplemento imaginario" a la realidad social de la desintegración y los antagonismos irresolubles. La nación, así, funciona desde el principio mismo como fetiche: el punto no es creer en la Causa nacional, sino usar esta creencia como sostén que nos permita comprometernos en propósitos egoístas ("lo hacemos realmente por nuestra nación").

Lo que se estaría verificando hoy, el rasgo definitorio del capitalismo "postmoderno", es la mercantilización directa de la experiencia misma: lo que se está comprando en el mercado son cada vez menos productos (objetos materiales) para poseer, y cada vez más experiencias vitales — experiencias de sexo, comida, comunicación, consumo cultural, participación en un estilo de vida. Los objetos materiales cada vez más aquí sirven sólo como sostén para esta experiencia, que se ofrece cada vez más en forma gratuita para seducirnos a comprar la verdadera "mercancía experiencial", como los teléfonos celulares gratis que se consiguen si firmamos un contrato anual:

> *A medida que la producción cultural domina cada vez más la economía, los bienes asumen la calidad de sostén. Ellos se vuelven meras plataformas o encuadres alrededor de los que se representan significados culturales elaborados. Ellos pierden su importancia material y asumen una importancia simbólica. Se vuelven menos objetos y más herramientas para ayudar a facilitar la representación de experiencias vividas.*[101]

La tendencia va así de "¡Compre este reproductor de DVD, y consiga 5 DVDs gratis!" a "¡Comprométase a comprarnos regularmente DVDs y le daremos un reproductor de DVD gratis!" (o, aun mejor, "suscríbase a la televisión por cable, que le permite libre acceso a películas digitalizadas"), y en el extremo, para citar la sucinta fórmula de Mark Slouka: "Al pasar cada vez más horas de nuestros días en ambientes sintéticos /.../ la vida misma se ha convertido en una mercancía. Alguien lo hace por nosotros; nosotros se lo compramos. Nos volvemos consumidores de nuestras propias vidas"[102]. La lógica del intercambio de mercado es llevada aquí a una especie de identidad auto–relativa hegeliana: ya no compramos los objetos, finalmente compramos (el tiempo de) nuestra propia vida.

La idea de Michel Foucault de convertir el propio Yo en una obra de arte, obtiene así una confirmación inesperada: compro mi aptitud física visitando gimnasios para estar en forma; compro mi esclarecimiento espiritual anotándome en cursos de meditación transcendental; compro mi persona pública yendo a los restaurantes visitados por personas con las que quiero ser asociado...

Aunque este cambio puede parecer una ruptura con la economía de mercado capitalista, se puede argumentar que lleva su lógica a su clímax consecuente. La economía de mercado industrial involucra la brecha temporal entre la compra de una mercancía y su consumo: desde el punto de vista del vendedor, el asunto está terminado en el momento en que él vende su mercancía — lo que pasa después (lo que el comprador hace con ella, el consumo directo de la mercancía) no lo involucra; en la mercantilización de la experiencia, esta brecha está cerrada, *el propio consumo es la mercancía comprada*. Sin embargo, la posibilidad de cerrar esta brecha está inscripta en la propia lógica nominalista de la sociedad moderna y su comunidad. Es decir, como el comprador compra una mercancía por su valor–de–uso, y como este valor–de–uso puede descomponerse en sus partes constituyentes (cuando compro un *Land Rover*, lo hago para conducir, más para señalar mi participación en un cierto estilo de vida asociado con la marca), hay un próximo paso lógico hacia la mercantilización y venta directa de estos componentes (alquilar un automóvil en lugar de comprarlo, etc.). Siguiendo esta argumentación, al final del camino encontramos el hecho solipsista de la experiencia subjetiva: como la experiencia subjetiva de consumo individual es la última meta de toda la producción, es lógico saltearse el objeto y mercantilizar y vender directamente esta experiencia. Y, quizás, en lugar de interpretar esta mercantilización de las experiencias como el resultado de un cambio en el modo predominante de la subjetividad (del sujeto burgués clásico centrado en poseer los objetos, al sujeto

123

[101] Rifkin, op.cit., pág. 173.
[102] Citado por Rifkin, op.cit., pág. 171.

proteico "postmoderno" centrado en la riqueza de sus experiencias), deberíamos concebir más bien este sujeto proteico como el efecto de la mercantilización de las experiencias[103].

Esto, por supuesto, nos llevaría a reformular completamente el tópico común marxista de la "reificación" y el "fetichismo de la mercancía", en la medida en que este tema todavía descansa en la noción de fetiche como un objeto sólido cuya presencia estable ofusca la visión de su mediación social. Paradójicamente, el fetichismo alcanza su apogeo precisamente cuando el propio fetiche está "desmaterializado", convertido en una entidad virtual fluida e "inmaterial"; el fetichismo del dinero culminará con su pasaje a una forma electrónica, cuando los últimos rastros de su materialidad desaparezcan — el dinero electrónico es la tercera forma, después del dinero "real" que incluye directamente su valor (oro, plata), y del dinero de papel que, aunque "mero signo" sin valor intrínseco, todavía se halla aferrado a su existencia material. Y es sólo en esta fase, cuando el dinero se vuelve un punto de referencia completamente virtual, que asume finalmente la forma de una presencia espectral indestructible: te debo $1000, y no importa cuántos billetes materiales queme, todavía te debo $1000, ya que la deuda se inscribe en alguna parte del espacio digital virtual... Es sólo con esta "desmaterialización" completa, que la famosa vieja tesis de Marx del *Manifiesto comunista*, según la cual en el capitalismo "todo lo sólido se desvanece en el aire", adquiere un significado mucho más literal del que Marx tenía en mente, ya que no sólo nuestra realidad social material está dominada por el movimiento espectral/especulativo del Capital, sino que esta realidad misma se "espectraliza" progresivamente (el "Sujeto proteico" en lugar del viejo sujeto idéntico a sí mismo, la fluidez huidiza de sus experiencias en lugar de la estabilidad de los objetos poseídos); en resumen: según Rifkin, cuando la relación usual entre los objetos materiales firmes y las ideas fluidas se ha invertido (los objetos se disuelven progresivamente en experiencias fluidas, mientras que las únicas cosas estables son las obligaciones simbólicas virtuales), es a esta altura que lo que   Derrida llamó el aspecto espectral del capitalismo se realiza plenamente.

Sin embargo, por más convincente que parezca, esta visión

de Rifkin tiene sus limitaciones: él pasa demasiado rápidamente del orden "industrial" al "postindustrial", en el que (nos dice repetidamente) el mercado y la propiedad ya no juegan el papel central. ¿Pero no es evidente el hecho de que el mercado omniabarcador todavía está allí? En primer lugar, aunque el objetivo del "capitalismo cultural" es comercializar las experiencias, no los objetos, debe apoyarse en una compleja infraestructura material (comida, maquinaria, etc.); en segunda instancia, las experiencias mismas tienen que *venderse* — hay personas que las *poseen* (en la forma de derechos de propiedad intelectual, patentes de fábrica, etc.). Así, en lugar de afirmar que el mercado y la propiedad ya no juegan el papel más importante, deberíamos decir más bien que el carácter de la propiedad está cambiando: lo que importa es cada vez menos la propiedad de los objetos materiales, y cada vez más la propiedad de fórmulas de experiencias "inmateriales" (derechos de propiedad intelectual, logotipos...).

La tesis básica es que el "capitalismo cultural" no es una totalidad — para asirlo en su totalidad, se tienen que incluir ambos polos, la producción de experiencias culturales, así como la producción material "efectiva". Lo que caracteriza al "capitalismo tardío" es la escisión entre la producción de experiencias culturales como tales y su base material (parcialmente invisible), entre el Espectáculo (de experiencia teátrica) y sus mecanismos secretos de puesta en escena; lejos de desaparecer, la producción material está todavía allí, transfuncionalizada en los mecanismos de soporte de la producción de la escena. En la percepción ideológica del Primer Mundo de hoy, el trabajo mismo (la labor manual en tanto opuesta a la actividad de producción cultural "simbólica"), y no el sexo, aparece como el sitio de indecencia obscena a ser ocultado del ojo público. Una tradición que se remonta al *Rheingold* de Wagner y a *Metrópolis* de Lang, tradición en la que el proceso productivo tiene lugar bajo tierra, en cuevas oscuras, hoy culmina en la "invisibilidad" de los millones de obreros anónimos que trabajan en condiciones infrahumanas en las

125

---

[103] Para un esfuerzo por afirmar los aspectos potencialmente liberadores del surgimiento del "sujeto proteico", ver Robert Lifton, *The Protean Self*. Universidad de Chicago, 1999.

fábricas del Tercer Mundo, desde los Gulags chinos o indonesios hasta las líneas de ensamble en Brasil — Occidente puede permitirse el lujo de hablar de "la clase obrera en desaparición", incluso cuando las marcas de su presencia son fácilmente discernibles por doquier: todo lo que uno debe hacer es leer la pequeña inscripción "Made in... (China, Indonesia, Bangladesh, Guatemala)" en los productos masivos, desde los pantalones vaqueros a los *walkmans*. Pero lo más llamativo en esta tradición es la igualación del trabajo con el crimen, la idea de que el trabajo duro es originalmente una actividad delictiva indecente a ser escondida del ojo público. El único lugar en las películas hollywoodenses donde vemos el proceso de producción en toda su intensidad, es cuando el héroe de acción penetra en el dominio secreto del villano y localiza allí el sitio de intensa labor (destilando y empaquetando drogas, construyendo un cohete que destruirá Nueva York...). Cuando, en las películas de James Bond, el villano, después de capturar a Bond, usualmente lo lleva en una gira por su fábrica ilegal, ¿no es esto lo más cerca que llega Hollywood a la orgullosa presentación socialista–realista de la producción en una fábrica? Y la función de la intervención de Bond, claro, es hacer explotar en llamas este sitio de producción, permitiendo a los ciudadanos del Primer Mundo volver al semblante ordinario de su existencia mundana, con su "clase obrera en desaparición"...

Hoy, las dos superpotencias, EE.UU. y China, se relacionan cada vez más en la forma del Capital y el Trabajo. EE.UU. está convirtiéndose en un país de planificación gerencial, financiera, de servicios, etc., mientras que su "clase obrera en desaparición" (salvo los inmigrantes chicanos y otros, que trabajan predominantemente en la economía de servicios) está reapareciendo masivamente en China, donde se fabrica gran parte de los productos norteamericanos, desde juguetes hasta *hardware* electrónico, en condiciones ideales para la explotación capitalista: sin huelgas, libertad limitada de movilidad de la fuerza activa, sueldos bajos... Lejos de ser absolutamente antagónica, la relación de China y EE.UU. es así al mismo tiempo profundamente simbiótica. La ironía de la historia es que China merece plenamente el rótulo de "Estado de la clase trabajadora": es el Estado de la clase que trabaja para los capitales norteamericanos. Aunque Rifkin es consciente de que la ciber–

mercantilización de la experiencia del "capitalismo cultural" comprende sólo al 20% de humanidad, él no desarrolla esta co–dependencia estructural entre este 20% y el 80% restante. ¿Cómo debemos situar, entonces, no solo los talleres clandestinos de trabajo manual del Tercer Mundo, sino los talleres *digitales* como el de Bangalore, en el que decenas de miles de indios programan *software* para las corporaciones occidentales? ¿Es adecuado designar a estos indios como "proletariado intelectual"? ¿Será ésta la venganza final del Tercer Mundo? ¿Cuáles serán las consecuencias del hecho perturbador (al menos para los alemanes conservadores) de que, después de décadas de importar cientos de miles de obreros para realizar trabajos físicos, Alemania descubre ahora que necesita decenas de miles de obreros inmigrantes intelectuales, principalmente programadores de computación? La falsa alternativa que pretende hoy desactivar al marxismo es qué hacer a propósito de la importancia actualmente creciente de la "producción inmaterial" (los ciber–obreros): ¿insistimos en que sólo aquellos involucrados en la producción material "real" pertenecen a la clase obrera, o aceptamos que los "obreros simbólicos" son hoy los (verdaderos) proletarios? Esta última alternativa oculta la división entre producción material e inmaterial, la *escisión* dentro de la clase obrera entre los ciber–obreros y los obreros materiales, por lo general separados geográficamente.

Quizás, la figura del *desempleado* es la que simboliza al proletario puro hoy: la determinación sustancial del desempleado sigue siendo la del trabajador, pero se le impide actualizarla o renunciar a ésta, permaneciendo suspendido en la potencialidad de ser un trabajador que no puede trabajar. Quizás, en algún sentido hoy todos somos "desempleados": los trabajos tienden a establecerse cada vez más mediante contratos a corto plazo, de manera que el estado de desempleo es la regla, el nivel–cero, y el trabajo temporal la excepción. Entonces, esta debería ser también la respuesta a los defensores de la "sociedad postindustrial", cuyo mensaje a los trabajadores es que su tiempo ha terminado, que su existencia misma es obsoleta, y que todo lo que pueden esperar es puramente compasión humanitaria: hay cada vez menos lugar para los trabajadores en el universo del Capital de hoy. Y puede extraerse de este hecho una única conclusión: si hoy, la sociedad "postindustrial" necesita cada vez menos obreros para reproducirse (el 20% de la fuerza activa, según algunos cálculos), entonces *no son los obreros los que están en exceso, sino el Capital mismo.* Esta limitación de la visión de Rifkin también explica la debilidad de la solución que propone para nuestra crisis – casi se puede sentir el desfasaje entre la excelente primer parte de su libro, y la "regresión" a la jerga New Age postmoderna de su segunda parte. La premisa de Rifkin es que la cultura, como suelo comunal de la existencia humana, precede a la economía: para que podamos producir e intercambiar objetos, ya tenemos que compartir un espacio común de comprensión cultural, y toda producción material es finalmente parasitaria de este suelo. Por consiguiente, cuando el mercado amenaza con colonizar y engullir a la cultura, agota en un acto de ignorancia sus propios recursos; debe encontrarse un nuevo equilibrio entonces entre el mercado y la cultura, revalorizando la sociedad civil y la vida comunitaria, afirmando la autonomía de éstas contra las fuerzas del mercado — no sólo necesitamos del acceso a las mercancías, sino más aun acceder a nuestra substancia cultural compartida... Esta pseudo–solución no puede sino recordarnos la habladuría pseudo–oriental New Age sobre la necesidad de establecer el equilibrio de los principios opuestos, en este caso, de la economía de mercado y su fundamento cultural.

[]

Diez:
Contra la post–política

¿Dónde quedó Lenin en todo esto? De acuerdo a la *doxa* predominante, en los años posteriores a la Revolución de octubre, la declinación de la fe de Lenin en las capacidades creativas de las masas lo llevó a dar énfasis al papel de la ciencia y los científicos, a confiar en la autoridad de los expertos: él proclamó "el principio de los tiempos felices en los que la política retrocederá, /... / y los ingenieros y agrónomos tendrán la mayor parte que decir"[104]. ¿Post–política tecnocrática? La idea de Lenin de que el camino al socialismo sigue la vía abierta por el monopolio capitalista puede parecer gravemente ingenua hoy:

> *El capitalismo ha creado un aparato de contabilidad en la forma de bancos, sindicatos, correos, sociedades de consumidores, y empleados de oficina. Sin grandes bancos el socialismo sería imposible. /...∕ nuestra tarea es simplemente extraer lo que el capitalismo mutila de este excelente aparato, hacerlo aun más grande, más democrático, más abarcativo. /...∕ Será una contabilidad general de todo el país, de la producción y distribución de bienes, lo que será, por así decirlo, algo así como el esqueleto de la sociedad socialista.*[105]

¿No es ésta la expresión más radical de la noción de Marx del intelecto general, que regula toda la vida social de manera transparente, del mundo post–político en el que "la administración de las personas" es suplantada por "la administración de las cosas"? **129** Es fácil argumentar contra esta idea con la vieja tonada de la "crítica

---

[104] Citado por Neil Harding, *Leninismo*, Durham: Duke University Press 1996, pág. 168.

[105] Citado en Harding, op.cit., pág. 146.

de la razón instrumental" y el "mundo administrado" /verwaltete Welt/: el potencial "totalitario" estaría inscripto en esta forma misma de control social total. También es fácil resaltar sarcásticamente que, en la época estalinista, el aparato de administración social se volvió efectivamente "más grande aun". Además, ¿esta visión post–política no es el exacto opuesto de la noción maoísta de la eternidad de la lucha de clases ("todo es político")?

¿Son las cosas, sin embargo, tan inequívocas? ¿Y si reemplazamos el ejemplo (evidentemente anticuado) del Banco Central por la Red de Redes, el candidato perfecto de hoy para representar el Intelecto General? Dorothy Sayers afirmaba efectivamente que la *Poética* de Aristóteles es la teoría de las novelas policiales *avant la lettre* – como el pobre Aristóteles no conocía todavía la novela policial, tenía que referirse a los únicos ejemplos a su disposición, las tragedias...[106] En la misma línea, Lenin estaba desarrollando efectivamente la teoría del rol de la Red de Redes, pero, como la *w.w.w.* le era desconocida, tenía que referirse a los infortunados bancos centrales. Por consiguiente, también puede decirse que *"sin la Red de Redes el socialismo sería imposible"*. ¿Sería entonces nuestra tarea meramente "extraer lo que el capitalista mutila de este excelente aparato, hacerlo aun más grande, aun más democrático, aun más abarcativo"? En estas condiciones, nos tienta resucitar la vieja, abusiva y medio–olvidada dialéctica de Marx entre las fuerzas productivas y las relaciones de producción: ya es un lugar común afirmar que, irónicamente, fue esa misma dialéctica la que enterró al Socialismo Real Existente: el Socialismo no pudo sostener el pasaje de la economía industrial a la postindustrial. Una de las víctimas de la tragicómica desintegración del Socialismo en la ex–Yugoslavia, fue un viejo funcionario comunista entrevistado en Ljubljana por un estudiante de radio en 1988. Los comunistas sabían que estaban perdiendo el poder, por lo que desesperadamente intentaban agradar a todo el mundo. Cuando este viejo cuadro tuvo que contestar las preguntas provocativas que le hacían los estudiantes de periodismo sobre su vida sexual, él trató desesperadamente de demostrar que estaba en contacto con la generación joven; como, sin embargo, el único lenguaje del que disponía era la burocrática lengua de madera, el resultado fue un híbrido obsceno y siniestro — declaraciones como "la sexualidad es un componente importante de mi actividad diaria. Tocar a mi esposa entre las piernas me da nuevos y grandes incentivos para mi trabajo de construcción del socialismo". Y cuando uno lee los documentos oficiales de la República Democrática Alemana de los años setenta y principios de los ochenta, formulando el proyecto de convertir al país en una especie de Silicon Valley del bloque Socialista de Europa Oriental, no se puede evitar la impresión de la misma distancia tragicómica entre la forma y el contenido: a la vez que eran plenamente conscientes de que la digitalización era la vía del futuro, se le aproximaban en los términos de la vieja lógica Socialista de la planificación industrial — sus mismas palabras traicionaban el hecho de que no estaban entendiendo lo que pasaba efectivamente, las consecuencias sociales de la digitalización... Sin embargo, ¿proporciona realmente el capitalismo el marco "natural" para las relaciones de producción del universo digital? ¿No hay también en la Red de Redes un potencial explosivo para el capitalismo mismo? La lección de la lucha contra el monopolio de *Microsoft* es precisamente leninista: en lugar de combatir su monopolio a través del aparato estatal (recordemos la fragmentación solicitada por la corte de *Microsoft Corporation*), ¿no sería más "lógico" simplemente *socializarla*, hacerla libremente accesible? Hoy, nos gustaría parafrasear el muy conocido lema de Lenin de que "Socialismo = electrificación + todo el poder a los soviets", de la siguiente manera: "Socialismo = libre acceso a Internet + todo el poder a los soviets" (el segundo elemento es crucial, ya que especifica el único modo de organización social dentro del cual la Internet puede desplegar su potencial liberador; sin él, volveríamos a una nueva versión del crudo determinismo tecnológico).

El problema central que enfrenta la llamada nueva industria (digital) es entonces el de mantener la forma de la propiedad (privada), la única en la que la lógica de ganancias puede mantenerse (ver también el problema del *Napster*, la circulación libre de música).

---

[106] Dorothy L. Sayers, *Aristóteles y la novela policial*, en Opiniones Impopulares, Nueva York: Harcourt, Brace and Co. 1947, págs. 222–236.

¿Y no apuntan en la misma dirección las complicaciones legales de la biogenética? El elemento más importante de los nuevos acuerdos de comercio internacional es la "protección de la propiedad intelectual": siempre que, en una fusión, una gran compañía del Primer Mundo absorbe una compañía del Tercer Mundo, lo primero que hacen es clausurar la sección Investigaciones. Surgen aquí fenómenos que llevan la noción de propiedad a extraordinarias paradojas dialécticas: en la India, las comunidades locales descubren de repente que prácticas médicas y materiales que estaban usando durante siglos ahora son propiedad de las compañías norteamericanas, de manera que deben comprárselas a ellas; con las compañías biogenéticas que patentan los genes, todos estamos descubriendo que parte de nosotros, nuestro componente genético, ya es propiedad registrada, propiedad de otros...

El resultado de esta crisis de la propiedad privada de los medios de producción no está garantizado de antemano — es *aquí* que se debe tener en cuenta la paradoja mayor de la sociedad estalinista: a diferencia del capitalismo, que es una sociedad de clase, pero igualitaria en principio, sin divisiones jerárquicas directas, el estalinismo "maduro" es una sociedad sin clases articulada en grupos jerárquicos definidos con precisión (la alta *nomenklatura*, la inteligencia técnica, el ejército...). Esto significa que, ya para el estalinismo, la noción marxista clásica de lucha de clases no es adecuada para describir su jerarquía y dominación: en la Unión Soviética, desde finales de los años veinte en adelante, la división social más importante no estaba definida por la propiedad, sino por el acceso directo a los mecanismos de poder y a condiciones de vida materiales y culturales privilegiadas (comida, alojamiento, atención sanitaria, libertad de movilidad, educación). Y, quizás, la ironía última de la historia será que, de la misma manera que la visión de Lenin del "Socialismo del Banco Central" puede leerse apropiadamente sólo con retroactividad, a partir de la Red de Redes, la Unión Soviética habrá proporcionado el primer modelo de una sociedad "post–propiedad" desarrollada, del verdadero "capitalismo tardío", en que la clase gobernante estará definida por el acceso directo a los medios (informativos, administrativos) de poder y control social, así como a otros privilegios materiales y sociales: el punto ya no será poseer las compañías, sino directamente administrarlas, tener el derecho a usar un *jet* privado, tener acceso a una cobertura de salud jerarquizada, etc. — privilegios que no se adquieren exclusivamente por la propiedad, sino por otros mecanismos (educativos, administrativos, etc.).

Ésta es la crisis venidera que ofrecerá una nueva perspectiva de lucha emancipatoria, de una reinvención completa de lo político: no la vieja opción marxista entre propiedad privada y estatización, sino la opción entre una sociedad jerárquica y una sociedad post–propiedad igualitaria. Aquí, la vieja tesis marxista de que la libertad e igualdad burguesas están basadas en la propiedad privada y las condiciones de mercado, adquiere un giro inesperado: lo que las relaciones de mercado habilitan es (por lo menos) la libertad "formal" y la igualdad "legal": como la jerarquía social puede sostenerse a través de la propiedad, no hay necesidad por su aserción política directa. Si, entonces, el papel de la propiedad está disminuyendo en importancia, el peligro es que esta desaparición gradual genere la necesidad de alguna nueva forma de jerarquía (racista o basada en el acceso al conocimiento), fundada directamente en las propiedades de los individuos, y cancelando así incluso la igualdad y libertad "formales" burguesas. Para abreviar, en la medida en que el factor determinante del poder social sea la inclusión/exclusión de un conjunto privilegiado (de acceso al conocimiento, al control, etc.), podemos esperar el surgimiento de modos diferentes de exclusión, que lleguen hasta al racismo directo. El problema central de la ingeniería genética no reside en sus consecuencias imprevisibles (que lleguemos a crear monstruos – es decir, por ejemplo, seres humanos sin sentido de responsabilidad moral), sino en la forma en que la ingeniería biogenética afecta fundamentalmente nuestra noción de educación: en lugar de educar a un niño para ser un buen músico, ¿será posible manipular sus genes para que esté "espontáneamente" inclinado hacia la música? En lugar de instalar en él un sentido de la disciplina, ¿será posible manipular sus genes para que tienda "espontáneamente" a obedecer órdenes? La situación es aquí sumamente abierta – si gradualmente se establecen dos clases de personas, los "nacidos naturalmente" y los genéticamente manipulados, incluso no es claro de antemano

133

qué clase ocupará el nivel más alto en la jerarquía social: ¿los "naturales" considerarán a los manipulados como meras herramientas, y no como seres verdaderamente libres, o bien los manipulados, más perfectos, considerarán a los "naturales" como perteneciendo a un nivel más bajo de evolución? La lucha venidera nos confrontará así con una urgencia a actuar inédita, ya que no sólo involucrará un nuevo modo de producción, sino una ruptura radical con respecto a lo que significa ser humano. Hoy, ya podemos discernir los signos de un malestar general en lo que sucedió bajo el nombre de "Seattle". La luna de miel de 10 años del capitalismo global triunfante ha terminado, los largos "siete años de mala suerte" están aquí – véanse las reacciones de pánico de los grandes medios de comunicación que, desde la revista *Time* hasta la CNN, repentinamente empiezan a advertir sobre los marxistas que manipulaban a la multitud "honesta" de protestantes. El problema ahora es estrictamente leninista: ¿cómo *actualizar* las imputaciones de los medios de comunicación? ¿cómo inventar la estructura orgánica que conferirá a esta inquietud la *forma* de una demanda política universal? Por otra parte, se perderá el *momentum*, y lo que quedará es la perturbación marginal, quizás organizada como un nuevo *Greenpeace*, con cierta eficacia, pero también con metas estrictamente limitadas, estrategias de *marketing*, etc. En resumen, sin la forma del Partido, el movimiento permanece atrapado en el círculo vicioso de la "resistencia", una de las grandes trampas de la política "postmoderna", que gusta oponer la resistencia al poder "buena" a la toma revolucionaria del poder "mala" — lo último que querríamos ver es el domesticación de la anti-globalización, transformada en sólo otro "sitio de resistencia" al capitalismo... Por consiguiente, la lección clave "leninista" hoy es: la política sin la *forma* orgánica del Partido es la política sin política, de manera que la respuesta a aquellos que simplemente simpatizan con los (bastante bien nombrados como) "Nuevos Movimientos *Sociales*", es la misma respuesta que dieron los jacobinos a los partidarios de Girondin: "¡Ustedes quieren la revolución sin revolución!". El asedio al que estamos sometidos hoy es que hay dos caminos abiertos para el compromiso socio–político: o jugar el juego del sistema, comprometerse en la "larga marcha a través de las instituciones", o comprometerse en los nuevos movimientos sociales, desde el feminismo hasta el anti–racismo, pasando por la ecología. Y, de nuevo, el límite de estos movimientos es que ellos no son *políticos*, en el sentido del Universal Singular: son solo "movimientos para un problema", carecen de la dimensión de la universalidad, es decir, no se relacionan a la *totalidad* social. La característica básica de esta totalidad es que es estructuralmente inconsistente. Ya fue Marx quien descubrió esta inconsistencia cuando, en su *Introducción a la Crítica de la Filosofía del Derecho de Hegel*, él delineó la lógica de la hegemonía: en el clímax del entusiasmo revolucionario, surge una "clase universal", es decir, una clase particular se impone a sí misma como universal y genera así el entusiasmo global (como la burguesía en la Revolución Francesa), ya que representa a la sociedad *como tal* contra el antiguo régimen, el crimen anti–social *como tal*. Lo que viene después es la desilusión, tan sarcásticamente descripta por Marx: el día después, la brecha entre lo Universal y lo Particular se hace visible de nuevo, la vulgar ganancia capitalista surge como la realidad de la libertad universal, etc. — Para Marx, por supuesto, la única clase universal cuya singularidad (la exclusión de la sociedad de la propiedad) garantiza su universalidad *real*, es el proletariado. Esto es lo que Ernesto Laclau rechaza en su versión de la lógica de la hegemonía: para Laclau, el cortocircuito entre lo Universal y lo Particular *siempre* es ilusorio, temporal, un tipo de "paralogismo trascendental"[107]. Sin embargo, ¿el proletariado de Marx es realmente la plena humanidad esencial positiva, o "sólo" la brecha de la universalidad como tal, irrecuperable en cualquier positividad?[108] En términos de Alain Badiou, el proletariado no es

---

[107] Ver Ernesto Laclau, *Política de la Retórica*, intervención en la conferencia Cultura y Materialidad, Universidad de California, Davis, 23–25 de abril de 1998. Cuando los filósofos políticos postmodernos de hoy enfatizan la paradoja de la democracia, que la democracia sólo es posible contra el fondo de su imposibilidad, ¿no reproducen las paradojas kantianas de la razón práctica, discernidas hace tiempo por Hegel?

[108] Ver el comentario de Eustache Kouvelakis a *L'Introduction a la Critique de la philosophie du droit de Hegel*, París: Ellipses 2000.

otra clase *particular*, sino una *singularidad* de la estructura social, y como tal la clase universal, la no–clase entre las clases. Lo que es crucial aquí es la tensión propiamente temporal–dialéctica entre lo Universal y lo Particular. Cuando Marx dice que, en Alemania, debido a la mezquindad de la burguesía, es demasiado tarde para una emancipación burguesa parcial, y que, debido a esto, en Alemania, la condición de toda emancipación particular es la emancipación *universal*, una manera de leer esto es ver allí la aserción del paradigma "normal" universal y su excepción: en el caso "normal", la emancipación burguesa parcial (falsa) estará seguida de la emancipación universal a través de la revolución proletaria, mientras que en Alemania, el orden "normal" se altera. Hay, sin embargo, una manera mucho más radical de leer esto: la propia excepción alemana, la incapacidad de su burguesía para lograr la emancipación parcial, abre el espacio para una posible emancipación *universal*. La dimensión de la universalidad surge así (sólo) donde el "normal" encadenamiento del orden de sucesión de los particulares es perturbado. Debido a esto, no hay ninguna revolución "normal", *toda* explosión revolucionaria se funda en una excepción, en un cortocircuito entre el "demasiado tarde" y el "demasiado temprano". La Revolución francesa ocurrió porque Francia no pudo seguir el camino "normal" inglés del desarrollo capitalista; el mismo camino inglés "normal" resultó de la división "antinatural" del trabajo entre los capitalistas, que tenían el poder socio–económico, y la aristocracia, que conservaba el poder político. Y, según Marx, fue del mismo modo que Alemania produjo la última revolución en el pensamiento (la filosofía del Idealismo alemán, como contrapartida filosófica de la Revolución francesa) precisamente *porque* no tuvo su revolución política.

136   La necesidad estructural de este desfasaje, de esta discrepancia, es lo que se pierde en Habermas: la consecuencia básica de su noción de "la modernidad como proyecto inconcluso" es que el proyecto de la modernidad está compuesto de dos facetas, el desarrollo de la "razón instrumental" (la manipulación científico-tecnológica y la dominación de la naturaleza) y la emergencia de una forma de comunicación intersubjetiva libre de constreñimientos; hasta ahora, sólo la primer faceta fue desplegada totalmente, y nuestra tarea es la realización del proyecto de la modernidad actualizando también los potenciales de la segunda faceta. Sin embargo, ¿no es estructural esta diferencia? No se puede simplemente complementar la Razón instrumental con la Razón comunicacional, ya que la primacía de la Razón instrumental es constitutiva de la Razón moderna como tal. Habermas es totalmente consistente con esto cuando aplica la misma lógica para la globalización de hoy — su tesis podría titularse "la globalización como proyecto inconcluso": "La diferencia entre la integración económica progresiva y la integración política, retrasada con respecto a ésta, sólo puede ser superada a través de una política que apunte a construir una capacidad superior en el nivel de la acción política, que fuera capaz de estar a la altura de la des–regulación del mercado"[109]. O sea: no hay ninguna necesidad de combatir la globalización capitalista directamente — solo hay que complementarla con una globalización política adecuada (un cuerpo político central más fuerte en Estrasburgo, la imposición de una legislación social europea a nivel global, etc.). Sin embargo, ¿una tal extensión de la globalización al proyecto político no nos forzaría a redefinir radicalmente los contornos mismos de la globalización económica?[110]

En síntesis, la actitud básica subyacente de Habermas es nada más y nada menos que la *renegación* del siglo XX — él actúa como si el siglo XX, en lo que fue su dimensión específica, no *hubiese existido*, como si lo que pasó en él fuera simplemente un desvío contingente, de forma tal que la narrativa conceptual subyacente — la del liberalismo democrático ilustrado, con su progreso indefinido — puede desarrollarse sin tener en cuenta lo

---

[109] Juergen Habermas, *Warum braucht Europa eine Verfassung?*, Die Zeit, 29 de junio del 2001, Feuilleton, pág. 7.

[110] La verdad oculta de esta tesis de Habermas emerge en su franco eurocentrismo: no sorprende que los textos de Habermas esten repletos de alabanzas al "estilo de vida" europeo, ni que éste caracterice al proyecto de globalización política (de construir una entidad política transnacional) como la realización de la civilización europea.

acontecido[111]. En la misma línea, para caracterizar el derrumbe de los regímenes Socialistas en 1990, Habermas acuñó el término de "revolución tardía"[112]: Occidente (la democracia liberal occidental) no tiene nada que aprender de la experiencia del comunismo de Europa Oriental, ya que, en 1990, estos países solo alcanzaron el nivel de desarrollo social de los regímenes democráticos liberales occidentales. Habermas describe por ello esta experiencia como absolutamente accidental, negando cualquier relación estructural fundamental entre la democracia occidental y el surgimiento del "totalitarismo", es decir, cualquier noción de que el "totalitarismo" es un síntoma de las tensiones internas al proyecto democrático mismo. Y lo mismo vale para el tratamiento que Habermas hace del fascismo: contra la noción de Adorno y Horkheimer de que la "barbarie" fascista es el resultado inherente de la "dialéctica de la Ilustración", los regímenes fascistas son para Habermas un desvío contingente (retraso, regresión) que no afecta la lógica básica de la modernidad y la Ilustración. La tarea es así simplemente abolir este desvío, y no la de repensar el propio proyecto de la Ilustración. Sin embargo, esta victoria por sobre el "totalitarismo" es maniquea: lo que Habermas necesita aquí es una lección hitchcockiana (recordemos la afirmación de Hitchcock de que una película es tan interesante como su villano principal). Considerar la salida "totalitaria" como un mero desvío contingente, nos deja en la posición cómoda, pero finalmente *impotente*, de aquel que, imperturbado por la catástrofe a su alrededor, se aferra a la racionalidad intrínseca del universo.

La promesa del movimiento de Seattle reside en el hecho de que *sí* cuestiona el marco silenciosamente aceptado por Habermas. Este movimiento es exactamente lo opuesto de cómo lo designan usualmente los medios de comunicación ("protesta anti–globalización"): se trata del primer armazón de un movimiento *global* nuevo, global con respecto a su contenido (apunta a una confrontación con el capitalismo global actual), así como con respecto a su forma (es un movimiento global, una red internacional móvil lista para intervenir tanto en Seattle como en Praga). Es *más global* que el "capitalismo global", ya que pone en juego a sus víctimas, es decir, a los *excluidos* por la globalización capitalista, así como a los incluidos, en una forma que los reduce a la miseria proletaria[113]. Quizás, deberíamos correr el riesgo de aplicar aquí la vieja distinción de Hegel entre la universalidad "abstracta" y la "concreta": la globalización capitalista representa la universalidad "abstracta", centrada en el movimiento especulativo del Capital, mientras que el movimiento de Seattle representa la "universalidad concreta", es decir, la totalidad del capitalismo global *más* su lado oscuro excluido.

Aquí, el reproche de Lenin a los liberales es más que pertinente: ellos sólo *se aprovechan* del descontento de las masas obreras para fortalecer su posición *vis–a–vis* con los conservadores, en lugar de identificarse con ellas hasta el final[114]. ¿No pasa lo mismo también con los liberales de izquierda hoy? Les gusta evocar el racismo, la ecología, las injusticias cometidas para con los obreros, etc., para ganar puntos contra los conservadores *sin poner en peligro el sistema*. Baste recordar cómo, en Seattle, el propio Bill Clinton se refirió hábilmente a los protestantes en las calles, recordando a los líderes recogidos dentro de los palacios custodiados que deben escuchar el mensaje de los manifestantes (el mensaje que, por

---

[111] La última gran figura de este liberalismo fue Ernst Cassirer, por lo que no sorprende que parte de la reciente renegación del siglo XX consista en la reavivación de Cassirer en Alemania, y tampoco que tantos otros filósofos, y no sólo Habermas, hayan sugerido que debemos volver a revisar los famosos debates Cassirer–Heidegger en Davos en 1929 que, con la "derrota" de Cassirer y la negativa brutal de Heidegger a estrechar las manos con su interlocutor, señala el final filosófico del siglo XIX: "¿y si Heidegger no ganó? ¿si se trató simplemente de un error de evaluación nuestro?"

[112] Ver Juergen Habermas, *Die nachholende Revolution*, Frankfurt: Suhrkamp 1990.

[113] Indonesia es ejemplar para esta lógica de la globalización: después de la ascensión al poder de Suharto en 1965, los inversores extranjeros empezaron a inundar el país en búsqueda de fuerza de trabajo barata; esta fuerza de trabajo se hizo aun más disponible después de que las compañías extranjeras compraran tramos importantes de tierra fértil, donde cultivaban para la exportación (caucho, piñas), en lugar de hacerlo para el consumo local. De esta manera, la población local se encuentra siendo doblemente dependiente de los países extranjeros: trabajan para compañías extranjeras y comen comida importada...

[114] Debo este punto a la intervención de Alan Shandro, *Lenin y la lógica de la hegemonía* en el simposio Recuperación de Lenin.

supuesto, Clinton interpretó privándolo de su filo subversivo, atribuyendo éste a los peligrosos extremistas que introducen el caos y la violencia en la mayoría de los protestantes pacíficos). Esta posición clintonesca se desarrolló más tarde en una elaborada estrategia de contención de "zanahoria y palos": por una parte, paranoia (la idea de un oscuro complot marxista acechando); por otra parte, en Génova, ninguno proporcionó más comida y albergue que Berlusconi para los manifestantes anti–globalización – con la condición de que se "comporten apropiadamente" y no *perturben* el acontecimiento oficial. Pasa lo mismo con todos los nuevos Movimientos Sociales, hasta los zapatistas en Chiapas: la política del sistema siempre está lista para "escuchar sus demandas", privándolas de su aguijón propiamente político. El sistema es por definición ecuménico, abierto, tolerante, preparado para "escuchar" a todos — aun cuando uno insista en las propias demandas, ellos las privan de su aguijón político universal mediante la forma misma de la negociación. La verdadera Tercer Vía que debemos buscar es *esta* tercera vía entre la política parlamentaria institucionalizada y los nuevos movimientos sociales.

La apuesta crucial de la lucha política hoy es: ¿cuál de las dos viejas posiciones principales, los conservadores o la "izquierda moderada", tendrá éxito en presentarse como la encarnación del espíritu de la verdad post–ideológica, contra la otra parte rechazada como "todavía capturada en los viejos espectros ideológicos"? Si los años ochenta pertenecieron a los conservadores, la lección de los años noventa parecería ser que, en nuestras sociedades capitalistas tardías, la Tercer Vía de la democracia social (o, aun más significativamente, post–comunista en los ex–países socialistas) funciona como la representante de la sociedad *como tal*, en su totalidad, contra sus facciones particulares representadas por los diferentes partidos "conservadores" que, para presentarse como dirigiéndose a la población entera, intentan también satisfacer las demandas particulares de los estratos anti–capitalistas (por ejemplo, de los trabajadores de clase media "patrióticos", amenazados por el trabajo barato de los inmigrantes). Esta constelación económica explica en buen grado cómo y por qué la Tercer Vía de los Demócrata Sociales puede simbolizar los intereses de los grandes capitales y, simultáneamente, la tolerancia multiculturalista que apunta a proteger los intereses de las minorías extranjeras. El sueño de la izquierda moderada y la Tercer Vía fue que el pacto con el diablo podía funcionar: O.K., ninguna revolución, aceptamos el capitalismo como el único juego del pueblo, pero por lo menos podremos salvar algunos de los logros del Estado de Bienestar, junto con la figura de una sociedad tolerante hacia las minorías sexuales, religiosas, y étnicas. Si la tendencia anunciada por la victoria de Berlusconi en Italia persiste, se discierne una perspectiva mucho más oscura en el horizonte: un mundo en el que la regla ilimitada del capital no se complementa con la tolerancia izquierdo–liberal, sino con una mezcla típicamente post–política de puro espectáculo publicitario matizada por las tibias preocupaciones de la Mayoría Moral (¡recordemos que el Vaticano dio su apoyo silencioso a Berlusconi!). El futuro inmediato no pertenece al provocativo derechista sincero como Le Pen o Pat Buchanan, sino a Berlusconi y Haider, que cuentan con la simpatía de la gente: servidores del capital global vestidos con la piel de cordero del nacionalismo populista. La lucha entre ellos y la izquierda de la Tercer Vía es la lucha por quién será más eficaz en neutralizar los excesos del capitalismo global: la tolerancia multiculturalista de la Tercer Vía o la homofobia populista. ¿Esta aburrida alternativa será toda la respuesta de Europa a la globalización?

[]

Once:
Ideología hoy

El advenimiento de la post–política, que se legitima a sí misma como "post–ideológica", nos obliga a redefinir los términos mismos de la ideología. En una de las primeras películas de los hermanos Marx, hay una divertida escena: Groucho le dice a Chico que ellos tienen que encontrarse con alguien en un viaducto, y Chico pregunta "¿Por qué un pato?"[115]; cuando Groucho le explica que un viaducto es un puente grande que pasa por un valle, Chico insiste: "¿Por qué un pato?". Groucho sigue explicando: "Ya sabes, ¡un puente! Bajo el puente, hay un prado verde...". "–¿Por qué un pato?", repite Chico. Así, el intercambio sigue: "en medio de este prado, hay un estanque". "En el estanque, hay algunos patos que nadan...". "–¡Por eso, un pato!" exclama triunfalmente Chico, dando en el clavo por la razón equivocada, como pasa a menudo con la legitimación ideológica. Siguiendo una etimología salvaje, la designación de un nombre se explica aquí a través del significado literal de sus partes: ¿Por qué un pato? — Porque hay patos que nadan en el estanque bajo él... Lo importante a retener aquí es que la pregunta (sobre por qué ese nombre) está inscripta en el propio nombre. Como todos saben, la palabra "canguro" se originó por una equivocación similar: cuando los primeros exploradores blancos de Australia les preguntaron a los aborígenes lo que era eso, señalando a un canguro cercano, los aborígenes no entendían qué les ocurría, por lo que contestaban con el término "canguro", que en su idioma significa "¿Usted qué quiere?", y los exploradores entendieron mal esta pregunta, tomándola como el nombre del canguro. Por lo tanto, si esta transformación de la pregunta en un término positivo, esta incapacidad para reconocer la pregunta, es uno de los procedimientos normales de

---

[115] El chiste juega con la homofonía existente en inglés entre *viaduct* /"viaducto"/ y *Why a duck?* /"¿por qué un pato?"/. (N. del T.)

la falsación ideológica, entonces la inanidad del diálogo de los hermanos Marx despliega una dimensión crítico–ideológica, en la medida en que reintroduce la dimensión de una pregunta en lo que aparece como una designación positiva: "viaducto" es realmente "¿por qué un pato?". ¿Y la lógica del antisemitismo no descansa en una falsación similar?: mientras la figura antisemita del "judío" parece designar directamente un cierto grupo étnico, efectivamente sólo codifica una serie de preguntas: "¿Por qué somos explotados? ¿Por qué el viejo orden está cayéndose a pedazos?", etc., a las que "el complot judío" ofrece el semblante de una respuesta. En otros términos, el primer gesto de la crítica al antisemitismo es leer "el judío" como "¿Por qué un judío?"... En el lenguaje común norteamericano, la frase del béisbol "¿Quién está en primera?", después de haber sido malentendida como una declaración positiva en una comedia de Abott y Costello, también empezó a funcionar como una respuesta en la forma de una pregunta.

Cuando Christopher Hitchens abordó la difícil pregunta de lo que los nor–coreanos piensan efectivamente sobre su "amado Líder" Kim Yong Il, él produjo lo que es posiblemente la definición más sucinta de la ideología: "Engañar a las masas es lo único que mantiene cuerdas a las personas"[116]. Esta paradoja apunta hacia la escisión fetichista en el corazón mismo de una ideología efectivamente en funcionamiento: los individuos transponen su creencia al gran Otro (encarnado en la colectividad), que así cree en su lugar — los individuos así permanecen cuerdos *en tanto* individuos, manteniendo la distancia hacia el "gran Otro" del discurso oficial. No se trata solamente de que la identificación directa con el "engaño" ideológico volvería insensatos a los individuos, sino también de la suspensión de su creencia (renegada y desplazada). En otros términos, si los individuos fueran privados de esta creencia (proyectada hacia el "gran Otro"), ellos tendrían que dar el salto de *asumir ellos directamente la creencia* (quizás, esto explica la paradoja de tantos cínicos que se convierten en sinceros creyentes en el punto mismo de la desintegración de la creencia "oficial"). Esta brecha necesaria en la identificación nos permite localizar la instancia del superyó: el superyó surge como resultado de una interpelación fallida — me reconozco como cristiano, aunque profundamente en mí mismo realmente no creo, y este conocimiento de no responder plenamente a la interpelación de mi identidad simbólica retorna como culpa superyoica. Sin embargo,

¿esta lógica no oculta exactamente la situación opuesta? En un nivel "más profundo", el superyó da expresión a la culpa, a una traición que pertenece al acto de la interpelación *como tal*: el resultado de la interpelación *en tanto* identificación simbólica con el Yo–ideal es como tal, en sí mismo, una solución de compromiso, una manera de "dar cauce al propio deseo". La culpa de no ser un verdadero cristiano funciona como una presión superyoica solo en la medida en que descansa en la culpa "más profunda" de comprometer el propio deseo identificándome en primer lugar como cristiano...

Esto es a lo que Lacan apuntaba en su afirmación de que la verdadera fórmula del materialismo no es "Dios no existe", sino "Dios es inconsciente" — baste recordar lo que, en una carta a Max Brod, Milena Jesenska escribió sobre Kafka: "Sobre todo, cosas como el dinero, la bolsa, la administración de las divisas, las máquinas de escribir, eran para él completamente místicas (y lo son efectivamente, también para nosotros, los otros)"[117]. Esta declaración debe leerse contra el fondo del análisis marxista del fetichismo de la mercancía: la ilusión fetichista reside en nuestra vida social efectiva, no en nuestra percepción de ella — un sujeto burgués sabe muy bien que no hay ninguna magia en el dinero, que el dinero es simplemente un objeto que simboliza un juego de relaciones sociales, pero él *actúa* no obstante en la vida real como si creyera que el dinero fuera una cosa mágica. Esto, entonces, nos da una visión precisa del universo de Kafka: Kafka pudo experimentar directamente estas creencias fantasmáticas que nosotros, las personas "normales", renegamos — la "magia" de Kafka es lo que a Marx le gustaba nombrar como la "bizarrería teológica" de las mercancías[118]. La fórmula de Lacan "Dios es inconsciente" no debe ser confundida

---

[116] Christopher Hitchens, *Visit to a Small Planet*, Feria de vanidades, enero del 2001, pág. 24.

[117] Citado por Jana Cerna, *La Milena de Kafka*, Evanston: Universidad del Noroeste 1993, pág. 174.

[118] El ejemplo último de — no sólo el fetichismo de la mercancía, sino, en un sentido mucho más literal, del fetichismo mismo mercantilizado — se encuentra hoy en Japón donde, en los expendedores automáticos, uno puede comprar, junto a latas de *Coca-cola* y comida empaquetada, pantimedias con la garantía de haber sido usadas por jovencitas.

con la tesis New Age junguiana opuesta: "el Inconsciente es Dios" —la diferencia entre las dos, la de la inversión hegeliana del sujeto y el predicado, concierne a la oposición entre la mentira y la verdad (la oposición es exactamente homóloga a la que existe entre "el Sueño es Vida" y "la Vida es Sueño": mientras la primera afirmación apunta a una aserción nietzscheana del sueño como experiencia vital sanguínea, la segunda afirmación expresa la actitud de desesperanza melancólica al estilo Calderón: qué es nuestra vida sino un sueño sin valor, una sombra pálida sin substancia...). La fórmula de Lacan "Dios es inconsciente", apunta a la Mentira fundamental que proporciona la unidad fantasmática de una persona: lo que encontramos cuando sondeamos el corazón más profundo de nuestra personalidad no es nuestro verdadero Yo, sino la mentira primordial, el *proton pseudos* —en secreto, todos creemos en el "gran Otro". En contraste con esto, "el Inconsciente es Dios" significa que la Verdad divina mora en la profundidad inexplorada de nuestra personalidad: Dios es la substancia espiritual más profunda de nuestro ser, que encontramos cuando penetramos nuestro verdadero Yo[119].

Esta noción de una fantasía inaccesible también nos muestra la manera de contestar al ya aburrido reproche común, en contra de la aplicación del psicoanálisis a los procesos ideológico–sociales: ¿es "legítimo" extender el uso de nociones que se desarrollaron originalmente para el tratamiento de los individuos a entidades colectivas y hablar, por ejemplo, de la religión como una "neurosis obsesiva colectiva"? El enfoque del psicoanálisis es completamente diferente: lo Social, el campo de prácticas y creencias socialmente sostenidas, no es simplemente algo que está en un nivel diferente al de la experiencia individual, sino que es algo *con lo que el individuo tiene que relacionarse*, algo que el individuo mismo tiene que experimentar como un orden que está mínimamente "reificado", externalizado. El problema no es, por consiguiente, "cómo pasar del individuo al nivel social"; el problema es: ¿cómo debe estructurarse el orden socio–simbólico descentrado, de creencias y prácticas institucionalizadas, para que el sujeto conserve su "cordura", su funcionamiento "normal"? ¿Qué engaños deben depositarse allí para que los individuos puedan permanecer sensatos? Tengamos presente el caso común del egoísta, que rechaza cínicamente el sistema público de normas morales: como regla, semejante sujeto puede funcionar sólo si este sistema está "allí fuera", públicamente reconocido, es decir que para ser un cínico privado, éste tiene que presuponer la existencia de otros ingenuos que "realmente creen"[120]. Este poder extraño de la creencia en una ficción simbólica produce a menudo un siniestro efecto de *je sais bien, mais quand meme*...: en la escena bien conocida de la película *Salo* de Pasolini, donde los personajes son obligados a comer mierda, aun cuando tengamos bien presente que los actores están comiendo una mezcla deliciosa de miel y el mejor chocolate suizo, el efecto en el espectador (si, por supuesto, éste no es un coprófago) es no obstante de extrema aversión.

Esto da la clave de cómo debe conducirse una verdadera "revolución cultural": no apuntando directamente a los individuos, intentando "reeducarlos", "cambiar sus actitudes reaccionarias", sino privar a los individuos del apoyo en el "gran Otro", en el orden simbólico institucional. En otras palabras, una "revolución cultural" debe tener en cuenta el descentramiento inherente de todo proceso ideológico, en el que el ritual insensato tiene primacía ontológica por sobre la forma en que intentamos darle un sentido. Es un lugar común afirmar, con respecto a un intenso ritual religioso, que nosotros, los observadores externos, no podremos nunca interpretarlo apropiadamente, ya que sólo pueden hacerlo aquellos que están sumergidos directamente en el

---

[119] Y, en la medida en que el inconsciente es, en esta perspectiva jungiana, un gran sistema oculto que nutre la conciencia, no sorprende que ya fuera Jung quien, bien antes de Deleuze, explícitamente lo designara como un *rizoma*: "La Vida siempre me ha parecido como una planta que vive de su rizoma. Su verdadera vitalidad es invisible, oculta en el rizoma. /.../ Lo que vemos es la superficie que pasa. El rizoma permanece". (C.G.Jung, *Memorias, Sueños, Reflexiones*, Nueva York: Vintage Books 1965, pág. 4)

[120] Como, usualmente, se opone la creencia (en los valores, ideales, etc.) a la actitud cínica de "solo importa el dinero", debemos resaltar el hecho demasiado evidente (y por esa misma razón, descuidado por todos demasiado a menudo) de que el dinero es la creencia en su forma más pura y radical: sólo funciona con la confianza en el lazo social. El dinero es en sí mismo un pedazo de papel sin valor (o, con el advenimiento del dinero electrónico, incluso ni eso): su estatuto último es completamente el de una obligación simbólica — si las personas "no creen más en él", deja de funcionar. Incluso con el oro, la encarnación de la "riqueza real", no debemos olvidar que no tiene valor de utilidad, que su valor es completamente reflexivo, el resultado de la creencia de las personas en su valor.

mundo–de–la–vida en el que este ritual obtiene su significado (o, hablando más apropiadamente, ellos no lo "entienden" reflexivamente, sino que directamente "viven" su significado). Desde el punto de vista lacaniano, uno debe aquí dar un paso más, y afirmar que incluso la creencia religiosa de aquellos que participan en semejante ritual es una "racionalización" del siniestro impacto libidinal del propio ritual. La brecha central no está entre los participantes directamente involucrados en la cosa y nuestra posición interpretativa externa — reside ya en la cosa misma, es decir, escinde íntimamente a los participantes mismos, que necesitan "racionalizar" su significado para poder sostener lo Real del ritual mismo. En la misma línea, el funcionamiento interpretativo básico del psicoanálisis no se mueve en un nivel "más profundo" que la interpretación superficial, sino, al contrario, consiste en estar atento a la perplejidad de las primeras impresiones. Normalmente se dice que la primera lectura siempre es engañosa, y que el sentido sólo se descubre en una segunda lectura — sin embargo, ¿y si el significado que surge en la segunda lectura es finalmente una formación defensiva contra el impacto de la primer lectura? Terry Eagelton interpretó de esta forma la obra *The Waste Land* de T.S.Eliot: la primera impresión del poema — fragmentos de ocurrencias cotidianas comunes, mezclados con la textura impenetrable de referencias a una multitud incoherente de fenómenos artísticos y religiosos, *es* el "mensaje" del poema[121]. Este cortocircuito directo entre los fragmentos de la vida diaria contemporánea "alienada" y la multitud confusa de referencias metafísicas es en sí mismo, para Eliot, el mejor diagnóstico de dónde estamos parados hoy: al carecer de un fundamento religioso–metafísico firme, nuestra vida diaria se fragmenta en trozos de rituales sociales vacíos y ordinarios. Cuando pretendemos atravesar este umbral, y nos esforzamos por discernir un edificio espiritual consistente bajo la multitud confusa de referencias (¿Eliot es budista? ¿adhiere al mito pagano de la resurrección?), ya perdimos el punto crucial.

[]

---

121 Terry Eagelton, *Eliot y la cultura popular*, en *Eliot en Perspectiva*, editado por Graham Martin, Nueva York: Humanities Press 1970.

Doce:
¡Bienvenido al desierto de lo Real!

Y la misma lógica, mencionada al final del capítulo anterior, vale para los atentados de Nueva York del 11 de septiembre del 2001: su mensaje más importante no es alguna cuestión ideológica profunda, sino que está contenido en su efecto traumático primero — el terrorismo funciona, es posible hacerlo... ¿Qué conmovieron, entonces, estos ataques? La fantasía central paranoica norteamericana, es la del individuo que vive en una pequeña ciudad idílica californiana, un paraíso consumista, y de repente empieza a sospechar que el mundo en que él vive es una farsa, un espectáculo organizado para convencerlo de que vive en un mundo real, mientras todas las personas alrededor de él son en realidad actores y extras en un show gigantesco. El ejemplo más reciente de esto es *The Truman Show* (1998) de Peter Weir, con Jim Carrey representando el papel de un empleado de oficina de un pueblo pequeño que gradualmente descubre la verdad de que él es el héroe de un show de televisión que se emite en forma permanente las 24 horas: su ciudad natal está construida sobre un estudio gigantesco, con cámaras que lo siguen permanentemente. Entre sus predecesores, vale la pena destacar el *Tiempo desbocado* (1959) de Phillip Dick, en que un héroe que vive una vida diaria modesta en un idílico pueblito californiano de fines de los 50s, gradualmente descubre que el pueblo entero es una farsa organizada para mantenerlo satisfecho... La experiencia que subyace a *El tiempo desbocado* y a *The Truman Show*, es que el paraíso californiano consumista del capitalismo tardío es, en su misma hiper–realidad, en cierto modo *irreal*, que carece de substancia, privado de toda inercia material. Así, no es sólo que Hollywood representa una vida real privada del peso y la inercia de toda materialidad — en la sociedad consumista del capitalismo tardío, "la vida social real" adquiere de algún modo los rasgos de una farsa organizada, y nuestros prójimos se comportan en la vida "real" como actores y extras de teatro... La noción de "esfera" de Peter Sloterdijk está comprendida aquí literalmente, como una esfera de metal gigantesca que cubre y aísla la ciudad entera. La verdad última del universo del capitalismo utilitario des–espiritualizado es la des–materialización de la propia "vida real", su transformación en un show espectral. Entre otros, Christopher Isherwood dio expresión a esta irrealidad de la vida diaria norteamericana, ejemplificándola en el cuarto de motel: "los moteles norteamericanos son irreales /...∕ están deliberadamente diseñados para ser irreales. /...∕ Los europeos nos odian porque nos hemos retirado a vivir dentro de nuestros anuncios, como ermitaños que se meten en sus cuevas a contemplar". Años atrás, una serie de películas de ciencia–ficción como *Zardoz* o *Logan's Run* previeron esta situación postmoderna actual, extendiendo esta fantasía a la propia comunidad: un grupo aislado que vive una vida aséptica en un área apartada busca desesperadamente la experiencia del mundo real de decadencia material.

La exitosa película *Matrix* de los hermanos Wachowski (1999), llevó esta lógica a su clímax: la realidad material que todos nosotros experimentamos y vemos alrededor nuestro es virtual, generada y coordinada por un gigantesca mega–computadora a la que todos estamos conectados; cuando el héroe (interpretado por Keanu Reeves) despierta a "la realidad real", lo que ve es un paisaje desolado, alumbrado por el fuego de ruinas ardientes — lo que quedó de Chicago después de una guerra global. El líder de la resistencia, Morpheus, profiere el siguiente saludo irónico: "Bienvenido al desierto de lo real". ¿No tuvo lugar algo de orden similar en Nueva York el 11 de septiembre? Los ciudadanos fueron introducidos al "desierto de lo real" – corrompidos por Hollywood, el paisaje de las torres derrumbándose no pudo sino recordarles las escenas más impresionantes de las grandes producciones del cine catástrofe. Para la gran mayoría del público, las explosiones de las torres gemelas fueron acontecimientos televisivos, y cuando observaban repetidamente las tomas visuales de personas corriendo en estado de pánico hacia la cámara y dejando atrás una nube gigante de polvo, proveniente de la torre derrumbándose, ¿no recordaba el encuadre de la toma las espectaculares escenas de las películas de catástrofes? ¿no parecían efectos especiales que superaban a todos

150

los otros, ya que, como ya sabía Jeremy Bentham, la realidad es la mejor apariencia de sí misma? Cuando escuchamos que los atentados fueron un *shock* totalmente inesperado, que lo Imposible inimaginable pasó, debemos recordar la otra catástrofe definitoria del principio del siglo XX, que fue la del Titanic: también fue un *shock*, pero su espacio ya estaba preparado por la fantasía ideológica, ya que el Titanic era el símbolo del poderío de la civilización industrial del siglo XIX. ¿No vale también lo mismo para estos atentados? Los medios de comunicación desde mucho antes de los atentados nos bombardeaban todo el tiempo con el discurso de la amenaza terrorista; esta amenaza también estaba por cierto investida libidinalmente — sólo recordemos la serie de películas del estilo *Escape de Nueva York* o *El Día de la Independencia*. En ello reside la razón de la asociación, frecuentemente mencionada, de los atentados con las películas de desastre hollywoodenses: lo inconcebible que pasó era objeto de fantasías, por lo que, en cierto modo, Norteamérica recibió aquello con lo que fantaseaba, y esa fue la sorpresa más grande. Debería invertirse, por consiguiente, la lectura usual, según la cual las explosiones de las torres fueron la intrusión de la realidad que conmovió la esfera ilusoria en que vivía el pueblo norteamericano: muy al contrario, antes del derrumbamiento de las torres, Norteamérica ya vivía en su realidad, percibiendo los horrores del Tercer Mundo como algo que no era parte efectivamente de su mundo social, como algo que existía (para ellos) como una aparición espectral en la pantalla (de televisión) — y lo que pasó el 11 de septiembre es que esta aparición fantasmática de la pantalla entró en su realidad. No es que la realidad entró en la imagen: la imagen entró y estrelló la realidad (es decir, las coordenadas simbólicas que determinan lo que se experimenta como la realidad). El hecho de que, después del 11 de septiembre, se censuraran muchas películas con escenas que tenían un parecido con el derrumbamiento de las torres (grandes edificios en llamas o bajo ataque, acciones terroristas...), debe ser así leído como la "represión" del trasfondo fantasmático responsable del impacto del derrumbamiento de las torres. Por supuesto, no se trata de jugar el juego pseudo–postmoderno de reducir el derrumbamiento de las torres a un espectáculo mediático más, leyéndolo como una versión–catástrofe de las películas *snuff*; pero la pregunta que nos deberíamos haber hecho cuando mirábamos fijamente las pantallas de los televisores el 11 de septiembre es simplemente: *¿dónde vimos esto ya varias veces?* Esto significa que la dialéctica del semblante y lo Real no puede reducirse al hecho bastante elemental de que la virtualización de nuestra vida diaria, la experiencia de que vivimos cada vez más en un universo artificial, da lugar al impulso irresistible a "retornar a lo real", para recobrar la base firme de alguna "realidad real". *Lo real que retorna tiene el estatuto de (otro) semblante*: precisamente porque es real, es decir, en razón de su carácter traumático/excesivo, es que no podemos integrarlo a (lo que experimentamos como) nuestra realidad, y por lo tanto estamos obligados a experimentarlo como una aparición pesadillesca. Esto es lo que la cautivadora imagen del derrumbamiento de las torres gemelas significó: una imagen, un semblante, un "efecto" que, al mismo tiempo, entregó "la propia cosa". Este "efecto de real" no es el mismo que, en los años sesenta, Roland Barthes llamó *l'effet du réel*: es más bien su contrario exacto, *l'effet du l'irréel*. Es decir, en contraste con el *effet du réel* barthesiano, en el que el texto nos hace aceptar como "real" su producto de ficción, aquí, lo Real mismo, para ser sostenido, tiene que ser percibido como un espectro de pesadilla irreal. Normalmente decimos que no se debe confundir la ficción con la realidad – recordemos la *doxa* postmoderna según la cual "la realidad" es un producto discursivo, una ficción simbólica que tomamos erróneamente por una entidad autónoma sustancial. La lección del psicoanálisis es aquí lo contrario: no debemos confundir la realidad con la ficción – debemos poder discernir, en lo que experimentamos como ficción, el hueso duro de lo Real, que sólo puede sostenerse en forma novelada. En síntesis, debemos discernir qué parte de la realidad se "transfuncionaliza" a través de la fantasía, por lo que, aunque es parte de la realidad, se la percibe al modo de una ficción. Mucho más difícil que denunciar–desenmascarar que (lo que aparece como) la realidad es una ficción, es reconocer en la realidad "real" la parte de ficción.

Cuando cundió el pánico del ántrax en octubre del 2001, Occidente saboreó por primera vez la nueva guerra "invisible", en la cual, además, los ciudadanos ordinarios nos encontramos totalmente a merced de las autoridades con respecto a la información sobre lo que está pasando: no vemos ni oímos nada, todo lo que sabemos proviene de los medios de comunicación oficiales. Lejos de anticipar la guerra del siglo XXI, la explosión de las torres gemelas y su derrumbe en el 2001 fue más bien el último grito espectacular de la guerra del siglo XX. Lo que nos espera es algo mucho más siniestro: el espectro de una guerra "inmaterial", donde el ataque es invisible – con virus, venenos que pueden estar en cualquier parte y en ninguna. A nivel de la realidad material visible, nada pasa, ninguna gran explosión, y sin embargo el universo conocido empieza a derrumbarse, la vida se desintegra... Estamos entrando en una nueva era de guerra paranoica en la que la tarea mayor será identificar al enemigo y sus armas. En esta nueva guerra, los agentes cada vez asumen menos sus actos públicamente: no sólo los "terroristas" no están ya ávidos de declarar su responsabilidad por los actos cometidos (ni siquiera Al Qaeda se adjudicó explícitamente los ataques del 11 de septiembre, para no mencionar el misterio acerca de los orígenes de las cartas con ántrax); las medidas estatales "antiterroristas" se cubren con un manto de secreto, formando todo esto un caldo de cultivo ideal para teorías de conspiraciones y paranoia social generalizada. ¿Y el anverso de esta omnipresencia paranoica de la guerra invisible no es su desubstancialización? Así que, de la misma manera que bebemos cerveza sin alcohol o café sin cafeína, estamos teniendo ahora una guerra privada de su substancia – una guerra virtual que se lleva a cabo detrás de las pantallas de computadoras, una guerra experimentada por sus participantes como un juego de video, una guerra sin bajas (de nuestro lado, por lo menos).

Una superpotencia que bombardea un país desierto, desolado y al mismo tiempo es rehén de bacterias invisibles — *ésta*, y no las explosiones del WTC, es la primera imagen de la guerra del siglo XXI. ¿Qué significará la palabra "guerra" en el siglo XXI? ¿Quiénes serán "ellos", si no son ni estados ni bandas delictivas? Sería útil recordar aquí la oposición freudiana entre la Ley pública y su doble obsceno superyoico: en esta misma línea, ¿las "organizaciones terroristas internacionales" no son el doble obsceno de las grandes corporaciones multinacionales — las últimas máquinas rizomáticas,

153

omnipresentes, aunque sin base territorial clara? ¿No son ellas la forma en la que el "fundamentalismo" nacionalista y/o religioso se acomodó al capitalismo global? ¿No encarnan la contradicción última, con su contenido particular/exclusivo y su dinámica de funcionamiento global? En este mismo sentido, lo que se debe tener presente a propósito de Afganistán es que hasta los años setenta, es decir, antes de que este país quedara atrapado en la lucha de las superpotencias, era una de las sociedades musulmanas más tolerantes, con una larga tradición secular: Kabul era conocida como una ciudad con una vibrante vida política y cultural. La paradoja así es que, lejos de expresar alguna profunda tendencia tradicionalista, el surgimiento del Talibán, esta clara regresión al extremismo–fundamentalismo, fue el resultado de que el país haya quedado atrapado en la vorágine de la política internacional – no sólo fue una reacción defensiva a esto, sino que surgió directamente con el apoyo de las potencias extranjeras (Pakistán, Arabia Saudita y el propio EE.UU.).

Por esta razón, la noción hoy de moda del "choque de civilizaciones" debe ser completamente rechazada: lo que estamos vislumbrando hoy es más bien el choque *dentro* de cada civilización. Hoy, hay en los propios EE.UU. más de dos millones de derechistas populistas "fundamentalistas", que también practican el terror por propia cuenta, legitimados por (su comprensión de) la Cristiandad; como Norteamérica en cierto modo los está "albergando", entonces el ejército norteamericano debería haber castigado e los propios EE.UU. después de la bomba de Oklahoma; para no mencionar la manera en que Jerry Falwell y Pat Robertson reaccionaron a los atentados, percibiéndolos como una señal de que Dios levantó su protección a los EE.UU. debido a las vidas pecaminosas de los norteamericanos, por culpa del materialismo hedonista, el liberalismo y la sexualidad desenfrenada, y afirmando que Norteamérica obtuvo lo que merecía. El 19 de octubre, el propio George W. Bush tuvo que conceder que los perpetradores más probables de los ataques de ántrax no son los terroristas musulmanes, sino los fundamentalistas cristianos de la propia extrema derecha norteamericana. Es precisamente ahora, cuando estamos enfrentando el crudo Real de la catástrofe, que debemos tener presente las coordenadas ideológicas y fantasmáticas que determinan su percepción. Después del 11 de

154

septiembre, los norteamericanos, inclusive los liberales, redescubrieron en masa la inocencia de su orgullo norteamericano, desplegando banderas y cantando juntos en público — como si, después de décadas de dudas ético–políticas sobre el papel norteamericano en el mundo, el vicioso ataque a las torres los hubiera desculpabilizado, dándoles derecho a afirmar su identidad en toda su inocencia... Contra la inocencia salvada, se debe enfatizar más que nunca que no hay nada "inocente" en este redescubrimiento de la inocencia norteamericana, en librarse del sentimiento de culpa histórica o de la ironía que les impedía a muchos de ellos asumir totalmente su ser norteamericano. Este gesto apuntó a asumir "objetivamente" todo el peso de ser "norteamericano" — un caso ejemplar de interpelación ideológica, de asumir el propio mandato simbólico, como reacción a la perplejidad causada por un trauma histórico. Como consecuencia traumática del 11 de septiembre, cuando la vieja seguridad parecía momentáneamente conmovida, ¿qué más "natural" que el gesto de refugiarse en la inocencia de la firme identificación ideológica? Sin embargo, precisamente tales momentos de inocencia transparente, de "retorno a los elementos esenciales", cuando el gesto de identificación parece "natural", tales momentos son, desde el punto de vista de la crítica de la ideología, los más oscuros, e incluso, de cierta manera, la oscuridad misma — para citar la extraordinaria formulación de Fernando Pessoa: "Cuando hablo francamente, no sé con qué franqueza hablo". Permítasenos recordar otro momento inocentemente transparente, la toma de video eternamente reproducida de la avenida Pieza Eterna de Beijing, en la plenitud de los "disturbios" de 1989, donde un joven diminuto se para, solo, delante de un gigantesco tanque, y valientemente intenta impedir su avance, de modo que, cuando el tanque intenta esquivarlo doblando a la derecha, el hombre también se mueve a un lado, interponiéndose nuevamente en su camino. Este momento mismo de claridad transparente (las cosas se dan en su forma más desnuda: un hombre solo contra la cruda fuerza del Estado) está, para nuestra mirada Occidental, sostenida por una telaraña de implicancias ideológicas, incluyendo una serie de oposiciones: el individuo contra el Estado, la resistencia pacífica contra la violencia estatal, el hombre contra la máquina, la fuerza interna de un individuo diminuto contra la impotencia de la máquina poderosa... Estas implicaciones, contra cuyo fondo la filmación ejerce su impacto directo pleno, estas "mediaciones" que sostienen el impacto inmediato de la toma, no están presentes para un observador chino, ya que la serie antedicha de oposiciones es inherente al legado ideológico europeo. Y el mismo trasfondo ideológico también sobredetermina nuestra percepción de las imágenes horrorizantes de los individuos diminutos saltando de las torres del WTC en llamas, hacia la muerte.

Entre las reapropiaciones ideológicas del 11 de septiembre, hay ya llamados a repensar algunos de los ingredientes básicos de la noción moderna de dignidad y libertad humanas. Es aquí ejemplar la columna de Jonathan Alter, *It's Time to Think on Torture* ("Es tiempo de pensar en la tortura"), con el siniestro subtítulo: "Es un nuevo mundo, y la supervivencia puede bien requerir viejas técnicas que parecían fuera de cuestión"[122]. Después de coquetear con la idea israelí de legitimar la tortura física y psicológica en casos de urgencia extrema (los casos llamados "contra reloj", cuando un prisionero terrorista posee información que puede salvar cientos de vidas), y luego de hacer afirmaciones "neutrales" como "... cierta tortura claramente funciona", el autor concluye:

No podemos legalizar la tortura; es contrario a los valores norteamericanos. Pero mientras continuamos hablando contra los abusos a los derechos humanos alrededor del mundo, necesitamos tener la mente abierta con respecto a ciertas medidas para combatir el terrorismo, como la interrogación psicológica legalmente sancionada. Y tendremos que pensar en transferir a algunos sospechosos a nuestros aliados menos delicados, aun cuando eso sea hipócrita. Nadie dijo que esto iba a ser bonito.

156 La obscenidad de tales declaraciones es escandalosa. Primero, ¿por qué se usan los ataques a las torres como justificativo? ¿No hay crímenes mucho más horribles que ocurren todo el tiempo alrededor del mundo? Y, en segundo lugar, ¿qué hay de nuevo en esta idea? ¿No enseñó la CIA a practicar la tortura a sus aliados militares latinoamericanos y de otros países del Tercer Mundo durante décadas? El capitalismo contemporáneo depende cada vez más de la práctica de "tercerización": en lugar de poseer directamente las capacidades de producción, una compañía norteamericana contrata a una compañía del Tercer Mundo para que haga el trabajo sucio de producción material por ella: la tela de las zapatillas *Nike* se produce en Indonesia, etc. Las ventajas son claras: no sólo la producción es más barata, sino que también se evitan preguntas sobre normas ecológicas, de salud y derechos humanos, alegando que ellos no pueden controlar lo que sus contratistas están haciendo. ¿Y lo que propone Alter (que ya está ocurriendo efectivamente desde hace décadas) no es precisamente una práctica similar de *tercerizar la tortura*? La hipocresía tiene larga data...

Incluso el citado argumento liberal de Alan Dershowitz es sospechoso: "no estoy a favor de la tortura, pero si van a ejercerla, que tenga aprobación judicial". La lógica subyacente — "Como ya estamos haciéndolo, mejor legalizarlo y así prevenir los excesos" — es sumamente peligrosa: da legitimidad para torturar y abre así el espacio para una tortura *más* ilícita. Cuando, en esta misma línea, Derschowitz argumenta que la tortura "contra reloj" no está en contra de los derechos de los prisioneros en tanto que acusados (la información obtenida no podrá ser usada contra ellos en el juicio, y la tortura no se hace como castigo, sino sólo para prevenir una matanza futura), la premisa subyacente es más perturbadora aun: entonces no debe permitirse torturar a la gente como parte de un castigo merecido, sino simplemente porque saben algo. ¿Por qué, entonces, no legalizar también la tortura a prisioneros de guerra, que pueden poseer información que podría salvar cientos de vidas de nuestros soldados? Contra la "honestidad" liberal de Derschowitz, deberíamos más bien buscar la aparente "hipocresía": está bien, podemos bien imaginar que, en una situación singular, confrontados con el arquetípico **157** "prisionero que sabe", y cuyas palabras pueden salvar a miles, uno usaría el recurso de torturar – sin embargo, incluso (o, más bien, precisamente) en semejante caso, es completamente crucial que esta opción desesperada no sea elevada a la condición de principio universal; siguiendo la urgencia brutal e inevitable del momento, uno debe simplemente *hacerlo*. Sólo de esta manera, en la imposibilidad misma o prohibición de elevar lo que tenemos que hacer a un principio universal, se retiene el sentimiento de culpa, la conciencia de la inadmisibilidad de lo que hemos hecho.

Para sintetizar, tales debates, tales llamados a "mantener la mente abierta", significan nada menos que la señal de que los "terroristas" están ganando la guerra ideológica. Artículos como los de Alter no defienden abiertamente la tortura, pero la introducen como un tema legítimo de debate, lo que es aun más peligroso: como defenderla explícitamente – en este momento, por lo menos – sería demasiado chocante y por consiguiente rechazado, la introducción de la tortura como un tema legítimo permite cortejar con la idea, manteniendo al mismo tiempo pura la conciencia ("claro que estoy contra la tortura, ¿a quien haría mal con discutir meramente el tema?"). Tal legitimación de la tortura como tema de debate cambia el fondo de presuposiciones y opciones ideológicas mucho más radicalmente que su abierta apología: cambia el campo entero, mientras que, sin este cambio, la apología abierta sigue siendo un punto de vista idiosincrásico. El problema toca las presuposiciones éticas fundamentales: la tortura puede legitimarse con respecto a beneficios a corto plazo (salvar centenares de vidas), pero ¿qué hay de las consecuencias a largo plazo para nuestro universo simbólico? ¿Dónde detenerse? ¿Por qué no torturar entonces a los criminales pornográficos, o a los padres que secuestran a sus hijos, apartándolos del cónyuge del que se han divorciado...? La idea de que, una vez que liberamos al genio de la botella, la tortura puede mantenerse en un nivel "razonable", es la peor ilusión legalista. Cualquier posición ética consistente *debe* rechazar completamente todo tipo de razonamiento pragmático/utilitario. Para culminar, podríamos hacer aquí de nuevo un simple experimento mental: imaginemos un periódico árabe que se expresa a favor de la tortura a prisioneros norteamericanos – y no hace falta describir la explosión de comentarios sobre la barbarie fundamentalista y la falta de respeto por los derechos humanos que esto originaría.

Para abreviar, la víctima mayor de los atentados de las torres del WTC sería quizás una cierta figura del gran Otro: la Esfera norteamericana. Durante el discurso secreto de Nikita Khruschev en el XXavo Congreso del Partido Soviético, en el que éste denunció los crímenes de Stalin, aproximadamente una docena de delegados tuvieron una crisis nerviosa y debieron ser atendidos médicamente; uno de ellos, Boleslaw Bierut, el Secretario General del Partido Comunista Polaco, de la línea dura, incluso murió unos días después de un ataque cardíaco (el ejemplar escritor estalinista Alejandro Fadeyev se disparó días después). No es que se trataba de "comunistas honrados" — la mayoría de ellos eran brutales manipuladores, sin ninguna ilusión subjetiva sobre la naturaleza del régimen soviético. Lo que se derrumbó fue su ilusión "objetiva", la figura del "gran Otro" sobre cuyo fondo ellos podían ejercer su despiadado ejercicio del poder: se desintegró el Otro hacia el que transponían su creencia, el Otro que, por así decir, creía en su lugar, su sujeto–supuesto–creer. ¿Y no pasó algo homólogo como consecuencia del 11 de septiembre? ¿El 11 de septiembre del 2001 no fue el XXavo Congreso del Sueño Americano?

[]

Trece:
¿Hay una política de la substracción?

¿Qué queda después de que el gran Otro se desintegra? Alain Badiou identificó *la passion du réel*[123] (la pasión de lo real) como el rasgo más importante del siglo XX: en contraste con el siglo XIX de los proyectos e ideales utópicos o "científicos", de los planes sobre el futuro, el siglo XX intentó llegar a la cosa misma, realizar directamente el anhelado Nuevo Orden. La experiencia más paradigmática y definitoria del siglo XX fue la experiencia directa de lo Real como opuesta a la realidad social cotidiana — lo Real en su violencia extrema, como el precio a pagar por desgajar las capas engañosas de la realidad. Ya en las trincheras de la Primer Guerra Mundial, Carl Schmitt celebraba el combate cara a cara como el encuentro intersubjetivo auténtico: la autenticidad residía en el acto de la transgresión violenta, del Real lacaniano — la Cosa que Antígona enfrenta cuando quiebra el orden de la Ciudad — el exceso batailleano. En el dominio de la sexualidad, el ícono de esta "pasión de lo real" es la película *El imperio de los sentidos* de Oshima, una película de culto japonesa de los años setenta, en la que una relación amorosa se radicaliza hasta convertirse en una tortura mutua que termina en la muerte. ¿No es la figura última de esta pasión de lo real, la posibilidad de observar por Internet el interior de una vagina desde el punto de vista privilegiado de una microcámara adosada a la punta del consolador que la está penetrando? En este punto extremo, ocurre un cambio: cuando uno se acerca demasiado al objeto deseado, la fascinación erótica se convierte en aversión a lo Real de la carne desnuda.

Tengamos en cuenta cómo expresaban su sorpresa los medios de comunicación norteamericanos después de los ataques del 11 de

[123] Ver Alain Badiou, *Le siecle*, 2003 Ediciones du Seuil, París.

septiembre: "¿Cómo es posible que estas personas lleguen a tener semejante descuido por sus propias vidas?". Pero, ¿no es el anverso de esta sorpresa el hecho bastante triste de que los habitantes de los países del Primer Mundo encuentren más difícil aun imaginar una Causa universal o pública por la cual estén dispuestos a sacrificar sus vidas? Cuando, después de los atentados, incluso el ministro de Asuntos Extranjeros del régimen Talibán dijo que podía "sentir el dolor" de los niños norteamericanos, ¿no confirmó él así el papel ideológico hegemónico de esta frase, acuñada por Bill Clinton? Parece efectivamente que la brecha entre el Primer Mundo y el Tercer Mundo pasa cada vez más por la oposición entre quienes llevan una vida satisfecha larga y plena de riquezas materiales y culturales, y quienes dedican su vida a alguna Causa transcendente. Dos referencias filosóficas inmediatamente se imponen a propósito de este antagonismo ideológico entre el estilo de vida consumista Occidental y el radicalismo musulmán: Hegel y Nietzsche. ¿No es este antagonismo el que Nietzsche definió como aquel que tiene lugar entre el nihilismo "pasivo" y el "activo"? En Occidente somos los Últimos Hombres nietzscheanos, sumergidos en tontos placeres cotidianos, mientras los musulmanes radicales están listos para arriesgarlo todo, comprometiéndose en la lucha hasta su autodestrucción. (No podemos más que destacar el papel significativo que jugó la Bolsa de Valores en los atentados: la prueba mayor de su impacto traumático fue que la Bolsa de Valores de Nueva York estuvo cerrada durante cuatro días, y su apertura el lunes siguiente a los atentados fue presentada como la principal señal de que las cosas estaban volviendo a su normalidad). Además, si percibimos esta oposición a través de las lentes de la lucha hegeliana entre el Amo y el Esclavo, no podremos evitar notar la siguiente paradoja: aunque en Occidente nos percibimos como los Amos explotadores, en realidad somos quienes ocupamos la posición del Esclavo que, aferrado a la rutina y a sus placeres, es incapaz de arriesgar su vida (recordemos la idea de Colin Powell de una guerra de alta tecnología sin bajas humanas), mientras que los pobres musulmanes radicales son los Amos listos para arriesgar sus vidas...

Lo peor que se puede hacer con los acontecimientos del 11 de septiembre es elevarlos al estatuto del Mal Absoluto, de un vacío que no puede ser explicado y/o dialectizado. Ponerlos en serie con la *Shoah* es una blasfemia: la *Shoah* fue cometida en forma metódica por una inmensa red de funcionarios estatales y ejecutores que, en contraste con los perpetradores de los atentados a las torres del WTC, carecían de la aceptación suicida de su propia muerte — como lo esclareció Hannah Arendt, ellos eran burócratas anónimos que hacían su trabajo, y una brecha enorme separaba lo que hacían de su auto–experiencia individual. Esta "trivialidad del Mal" falta completamente en el caso de los ataques terroristas: ellos asumieron plenamente el horror de sus actos, este horror es parte de la fatal atracción que los hizo cometerlos. O, para ponerlo en una forma ligeramente diferente: los nazis hicieron su trabajo de "resolver la cuestión judía" como un secreto obsceno a ser escondido de la mirada pública, mientras que los terroristas desplegaron descaradamente el espectáculo de su acto. Por consiguiente, debemos rechazar la famosa lectura lacaniana del Holocausto (el exterminio nazi de los judíos) como, precisamente, el viejo significado judío del término, sacrificio a los dioses oscuros, destinado a satisfacer su terrible demanda de goce: los judíos aniquilados más bien pertenecían a la serie de lo que los antiguos romanos llamaban *homo sacer* — aquellos que, aunque humanos, estaban excluidos de la comunidad humana, lo cual justifica que se los pueda matar con impunidad, *y por esta misma razón es imposible sacrificarlos* (porque no constituyen una ofrenda sacrificial digna).

Como lo demostró Badiou a propósito de los juicios públicos estalinistas, este esfuerzo violento por destilar el puro Real de la huidiza realidad, necesariamente termina en su contrario, en la obsesión por la pura apariencia: en el universo estalinista, la pasión de lo real (la despiadada puesta en marcha del desarrollo Socialista) culmina así en escenificaciones rituales de espectáculos teatrales en cuya verdad nadie cree. La clave de esta inversión reside en la imposibilidad final de marcar una distinción clara entre la realidad engañosa y algún núcleo positivo firme de lo Real: cada trozo positivo de realidad es *a priori* sospechoso, ya que (como sabemos a partir de Lacan) la Cosa real es en última instancia otro nombre del Vacío. La prosecución de lo Real equivale así a la aniquilación total, a una furia (auto)destructiva en la cual la única manera de trazar la distinción entre el semblante y lo Real es, precisamente, *actuarla* en un espectáculo falso. La ilusión fundamental es aquí que, una vez hecho el violento trabajo de purificación, surgirá *ex nihilo* el Nuevo Hombre, liberado de la suciedad de la corrupción pasada. En este horizonte, los "hombres realmente–existentes" quedan reducidos al estatuto de reserva de materia prima, que puede ser explotada despiadadamente para la construcción de lo nuevo — la definición estalinista revolucionaria de hombre es circular: "el hombre es lo que hay que aplastar, aquello sobre lo que se debe estampar, esculpir implacablemente para producir un hombre nuevo". Tenemos aquí la tensión entre la serie de elementos "ordinarios" (los hombres "ordinarios" como "material" de la historia) y el elemento "vacío" excepcional (el "Nuevo Hombre" socialista, que en principio no es nada más que un lugar vacío a ser llenado de contenido positivo a través del tumulto revolucionario). En una revolución, no hay ninguna determinación positiva *a priori* de este Hombre Nuevo: una revolución no se legitima por la noción positiva del ser del Hombre, "alienado" en las condiciones del presente, y que debe ser liberado a través del proceso revolucionario — la única legitimación de una revolución es negativa, una voluntad de romper con el Pasado. Debemos formular aquí las cosas de una manera muy precisa: la razón por la cual la furia estalinista de purificación es tan destructiva reside en el hecho mismo de que se sostiene en la creencia de que, después de que el trabajo destructivo de purificación haya terminado, *algo permanecerá*, el sublime "resto indivisible", el parangón de lo Nuevo — o, para citar de nuevo unas líneas de Fernando Pessoa: "Cuanto más la Vida se pudra hoy, más estiércol habrá para el Futuro". Es para ocultar el hecho de que no hay nada más allá de esto que, de una manera estrictamente perversa, el purista revolucionario tiene que aferrarse a la violencia como único índice de su autenticidad, y es en este nivel que los críticos del estalinismo por regla general equivocan la razón de la ligazón del Comunismo con el Partido. Cuando, en 1939–1941, los comunistas pro–soviéticos tuvieron que cambiar dos veces la línea del Partido de la noche a la mañana (después del pacto soviético–alemán, era el Imperialismo, y no ya el Fascismo, quien fue elevado al papel del enemigo principal; el 22 de junio de 1941, cuando Alemania atacó a la Unión Soviética, se trataba de nuevo del Frente Popular contra la Bestia Fascista), la misma brutalidad de los cambios de posición impuestos era lo que los atraía. En este mismo sentido, las purgas ejercían en sí mismas una siniestra fascinación, sobre todo en los intelectuales: su crueldad "irracional" servía como una especie de prueba ontológica, que daba fe del hecho de que se trataba de lo Real, y no sólo de planes vacíos — el Partido es implacablemente brutal, por ello es que va al grano... Si la pasión de lo real termina en el puro semblante del teatro político, entonces, en una inversión exacta, la pasión "postmoderna" del semblante del Último Hombre termina en una especie de Real.

Recordemos el fenómeno de las "auto–cortadoras" (mujeres principalmente, que experimentan un impulso irresistible de cortarse o de lastimarse con navajas de afeitar), estrictamente correlativo de la virtualización de nuestro medio ambiente: representa una estrategia desesperada por volver a lo real del cuerpo. El cortarse como tal debe ser contrastado con el fenómeno de la inscripción de tatuajes en el cuerpo, que busca la inclusión del sujeto en el orden simbólico (virtual) — con las cortadoras, el problema es el opuesto, a saber, la afirmación de la realidad misma. Lejos de ser suicida, lejos de señalar un deseo de auto–aniquilación, cortarse es un esfuerzo radical por ganar (o recuperar) un asidero firme en la realidad, o bien (otro aspecto del mismo fenómeno) sustentar firmemente nuestro Ego en su realidad corporal, contra la angustia insoportable de percibirse a sí mismo como no–existente. Lo que comúnmente relatan las cortadoras es que, después de ver fluir la tibia sangre roja de la herida auto–infligida, se sienten vivas de nuevo, firmemente arraigadas en la realidad[124].

¿Y no se podría decir, en esta misma línea, que el ataque al WTC y las películas catástrofe hollywoodenses guardan entre sí la misma relación que la pornografía *snuff* y las películas porno sado–masoquistas ordinarias? Éste sería el elemento de verdad de la provocativa afirmación de Karl–Heinz Stockhausen de que los aviones estrellándose contra las torres de Manhattan fueron la última obra de arte: se puede percibir efectivamente el derrumbamiento de las torres como el momento culminante de la "pasión de lo real" en el

---

[124] Ver Marilee Strong, *The Bright Red Scream*, Londres: Virago 2000.

arte del siglo XX — los "terroristas" no llevaron a cabo el atentado de la manera en que lo hicieron para provocar principalmente un daño material real, sino *por su efecto espectacular intrínseco*. La auténtica pasión del siglo XX por penetrar en la Cosa Real (en última instancia, el Vacío destructor) a través de la telaraña de semblantes que constituyen nuestra realidad, culmina así en la conmoción de lo Real como el "efecto" último, buscado después de los efectos especiales digitalizados a través de la TV–realidad y la pornografía de aficionados, hasta llegar a las películas *snuff*. Las películas *snuff*, que entregan la "cosa real", son quizás la verdad última de la realidad virtual. Hay una conexión íntima entre la virtualización de la realidad y la emergencia de un dolor corporal infinito e infinitizado, mucho más fuerte que lo usual: ¿no ofrece acaso la combinación de la biogenética y la Realidad Virtual nuevas y mayores posibilidades de *tortura*, nuevos e inéditos horizontes para extender nuestra capacidad de soportar dolor (ensanchando nuestra capacidad sensorial de sostener el dolor, a través del invento de nuevas formas de infligirlo)? Quizás, la imagen sadeana final de la víctima de tortura "inmortal", que puede soportar un dolor interminable sin tener a su disposición el escape de la muerte, también pueda volverse realidad.

A estas alturas nos confrontamos con una alternativa clave: ¿el resultado autodestructivo de la "pasión de lo real" significa que deberíamos adoptar la actitud archi–conservadora resignada de mantener las apariencias? ¿Debería ser nuestra última posición la de "no sondear demasiado profundamente en lo Real, ya que podríamos quemarnos los dedos al hacerlo"? Hay otro modo sin embargo de acercarse a lo Real, es decir, la pasión de lo Real del siglo XX tiene dos caras: la de la *purificación* y la de la *substracción*. A diferencia de la purificación, que se esfuerza por aislar el corazón de lo Real a través de una violenta destrucción progresiva, la substracción arranca del Vacío, de la reducción ("substracción") de todo contenido determinado, e intenta luego establecer la diferencia mínima entre este Vacío y un elemento que funciona como su representante. Aparte del propio Badiou, fue Jacques Rancière quien desarrolló esta estructura como la de la política del "conjunto vacío", del elemento "supernumerario" que pertenece al conjunto pero no tiene ningún lugar distintivo en él. ¿Qué es, para Rancière, la política propiamente dicha?[125]. Un fenómeno que, por primera vez, apareció en la Grecia antigua, cuando los miembros del *demos* (aquellos sin un lugar firme determinado en el edificio social jerárquico) exigieron que su voz sea oída en contra de los que detentaban el poder, de aquellos que ejercían el control social, es decir que no solo protestaban por la injusticia (*le tort*) que sufrían, querían hacer oír su voz, ser reconocidos e incluidos en la esfera pública, en pie de igualdad con la oligarquía y la aristocracia dominante; y aún más, ellos, los excluidos, aquellos que no contaban con un lugar fijo dentro del edificio social, se presentaban a sí mismos como los representantes, el símbolo, de toda la Sociedad, de la verdadera Universalidad ("nosotros – la 'nada' no contada en el orden – somos el pueblo, estamos Todos contra los que solo representan intereses particulares de privilegio"). Para resumir, el conflicto político designa la tensión entre el cuerpo social estructurado, en el que cada parte tiene su lugar, y la "parte sin parte" que desquicia este orden a cuenta del principio vacío de universalidad, de lo que Balibar llama la *egaliberté*, la igualdad de principio de todos los hombres *en tanto* seres parlantes – lo que también vale para los *liumang*, los "encapuchados" de la China feudal–capitalista actual que (con respecto al orden existente) cambian constantemente de sitio y flotan libremente, careciendo de trabajo y residencia, así como también de identidad e inscripción cultural o sexual[126].

La política propiamente dicha siempre involucra así un cierto cortocircuito entre lo Universal y lo Particular: la paradoja de un *singulier universel*, de un singular que aparece como representante del Universal, desestabilizando el orden funcional "natural" de las relaciones del cuerpo social. Esta identificación de la no–parte con el Todo, de la parte de la sociedad sin un lugar propiamente definido en ella (o que se resiste al lugar subordinado que le asignan en ella)

---

[125] Me baso aquí en Jacques Rancière, *La mésentente*, París: Galilea 1995.

[126] Es interesante que, para los que no tienen un lugar propio en el Estado, el régimen actual haya reactivado el término tradicional *liumang*, que en tiempos de la vieja China imperial designaba a los que vagaban en busca de la buena vida, o incluso simplemente sobreviviendo, sin lazos a la tierra o a la estructura patriarcal local. Ver Chen Baoliang, *Ser definido como liumang*, en Michael Dutton, *Streetlife China*, Cambridge: Cambridge University Press 1998, págs. 63–65.

con el Universal, es el gesto elemental de la politización, discernible en todos los grandes acontecimientos democráticos, desde la Revolución francesa (en la que *le troisième état* se proclamaban a sí mismos idénticos a la Nación como tal, en contra de la aristocracia y el clero) hasta el perimido ex–Socialismo europeo (en el que los "foros" disidentes se proclamaron representantes de la sociedad entera, en contra de la *nomenklatura* del Partido). Lo mismo puede decirse también en términos anti–estatales: aquellos que están substraídos del alcance del Estado no son considerados, tenidos en la cuenta, es decir, su *presencia* múltiple no está propiamente *representada* en el Uno del Estado[127]. En este sentido, la "diferencia mínima" es la que existe entre el conjunto y este elemento–en–más que pertenece al conjunto pero carece de toda propiedad diferencial que especifique su lugar dentro de su edificio: precisamente es esta falta de *diferencia (funcional) específica* la que lo convierte en la encarnación de la pura diferencia entre el lugar y sus elementos. Este elemento "supernumerario" es así una especie de "Malevitch de la política", un recuadro en una superficie que marca la diferencia mínima entre el lugar y lo que tiene lugar, entre fondo y figura. O, en términos de Laclau y Mouffe, este elemento "supernumerario" emerge cuando pasamos de la *diferencia* al *antagonismo*: desde que, en él, todas las diferencias cualitativas inherentes al edificio social quedan suspendidas, este elemento representa la diferencia "pura" como tal, lo no–social dentro del campo de lo social. O, en términos de la lógica del significante, en él, el propio Cero se cuenta como Uno[128].

¿Entonces la oposición entre Purificación y Substracción es finalmente la del Poder Estatal y la resistencia a él? ¿Se trata de que, una vez que el Partido toma el poder estatal, *el proceso se revierte de la substracción a la purificación*, a la aniquilación del "enemigo de clase", y más totalmente cuanto más pura fue la substracción (como el sujeto democrático–revolucionario fue desprovisto de cualquier propiedad determinante, cualquier tal propiedad hace sospechar...)? El problema es entonces: ¿cómo proseguir una política de substracción *una vez en el poder*? ¿Cómo evitar la posición del Alma Bella, instalada en el eterno papel de "resistencia", que se opone al Poder sin subvertirlo efectivamente? La respuesta usual de Laclau (pero también de Claude Lefort) es: democracia. Es decir, la política de la substracción sería la democracia misma (no en su forma liberal–parlamentaria concreta, sino como la Idea infinita, para ponerlo en los términos platónicos de Badiou): en una democracia, es precisamente el resto amorfo sin cualidades quien toma el poder, sin calificaciones especiales que justifiquen a sus miembros (en contraste con el corporativismo, no se necesita ninguna calificación particular para ser un sujeto democrático); además, en la democracia, la regla del Uno estallaría desde dentro, a través de la diferencia mínima entre el lugar y el elemento: en la democracia, el estado "natural" de todo agente político es la oposición, y el ejercicio del poder es la excepción, una ocupación temporaria del lugar vacío del poder. Esta diferencia mínima entre el lugar (de poder) y el agente/elemento (que ejerce el poder) sería lo que desaparece en los estados premodernos, así como en el "totalitarismo".

Por más convincente que pueda sonar, uno debe rechazar esta salida fácil — ¿por qué? Como ya hemos visto, el problema de la democracia es que, en el momento en que se establece como un sistema formal positivo que regula la multitud de sujetos políticos que compiten por el poder, tiene que excluir algunas opciones como "no–democráticas", y *esta exclusión, esta decisión fundante sobre quién es incluido y quién queda excluido del campo de las opciones democráticas, no es democrática.* No estamos jugando aquí meramente juegos lógico–formales con las paradojas del metalenguaje ya que, en este punto preciso, la vieja reflexión de Marx sigue siendo totalmente válida: esta inclusión/exclusión está sobredeterminada por el antagonismo social fundamental (la "lucha de clases") que, por esta misma razón, no puede nunca traducirse adecuadamente en la forma de una competición democrática. La ilusión democrática mayor — y, simultáneamente, el punto en el cual la limitación de la democracia

127 Ver Alain Badiou, *D'un désastre obscur*, París: Ediciones de l'Aube 1998, pág. 57. Sin embargo, hoy, los populistas de extrema derecha tampoco están representados, ellos se resisten al poder estatal, por lo que, en algún punto, deberíamos cuestionar esta lógica de la presencia múltiple contra la representación estatal — con respecto a esto, Badiou permanece demasiado cercano a Deleuze.

128 Ernesto Laclau y Chantal Mouffe, *Hegemonía y Estrategia Socialista*, Londres: Reverse Books 1985.

se hace directamente palpable — es que se pueda lograr una revolución social sin dolor, a través de "medios pacíficos", simplemente mediante elecciones parlamentarias. Esta ilusión es *formalista* en el más estricto sentido del término: abstrae el marco concreto de las relaciones sociales en el cual la forma democrática opera. Por consiguiente, aunque nada se gana ridiculizando la democracia política, se debe insistir no obstante en la lección marxista, confirmada por el ansia post–socialista por la privatización, de que la democracia política se basa en la propiedad privada. En resumen, el problema de la democracia no está en la democracia, sino, para usar la frase introducida a propósito del bombardeo de la OTAN a Yugoslavia, en sus "daños colaterales", en el hecho de que es una forma de poder estatal que involucra ciertas relaciones de dominación. La vieja noción de Marx de la "dictadura del proletariado", reactualizada por Lenin, precisamente apunta en esta dirección, intentando proporcionar una respuesta a la pregunta crucial: *¿qué tipo de poder existirá después de que tomemos el poder?*

La política revolucionaria del siglo XXI debe permanecer fiel a la "pasión de lo Real" del siglo XX, *repitiendo* la "política de purificación" en la forma de una "política de la substracción". Aunque puede parecer que Lenin representa el momento originario de la política de purificación, sería más exacto percibirlo como la figura neutra en la que ambas versiones de la "pasión de lo Real" todavía coexisten. ¿No son siempre las luchas de facciones de los partidos revolucionarios (y, agregaríamos nosotros, de las organizaciones psicoanalíticas) esfuerzos por definir una "mínima diferencia"? Recordemos la insistencia de Lenin, en la polémica que tuvo lugar en el momento de la escisión entre bolcheviques y mencheviques, en que la presencia o ausencia de una sola palabra en el estatuto del Partido puede afectar el destino del movimiento durante décadas: el acento está aquí en la pequeña diferencia más "superficial", en el *shibboleth* de un acento en la formulación, que revela tener consecuencias fatales en lo Real.

Para asir apropiadamente esta extraña lógica de la mínima diferencia, debemos tener presente la compleja interconexión de la tríada lacaniana real–imaginario–simbólico: la tríada entera se refleja dentro de cada uno de sus tres elementos. Hay tres modalidades de lo real: lo "realmente real" (la Cosa horrorizante, el objeto primordial, desde la garganta de Irma hasta el *Alien*), lo "simbólicamente real" (lo real como consistencia: el significante reducido a una fórmula insensata, como las fórmulas de la física cuántica, que ya no pueden traducirse — o relacionarse con — la experiencia cotidiana de nuestro mundo vital), y lo "imaginariamente real" (el siniestro *je ne sais quoi*, el insondable "algo" a causa del cual la dimensión de lo sublime brilla a través de un objeto ordinario). Lo real es así efectivamente las tres dimensiones al mismo tiempo: el vórtice abismal que arruina toda estructura consistente, la estructura matematizada consistente de la realidad, y la pura frágil apariencia. Y, de forma estrictamente homóloga, hay tres modalidades de lo Simbólico (lo realmente simbólico: los significantes reducidos a una fórmula insensata, lo imaginariamente simbólico: los "símbolos" jungianos, y lo simbólicamente simbólico: el discurso, el lenguaje significativo), y tres modalidades de lo imaginario (lo realmente imaginario: la fantasía, que es precisamente un escenario imaginario que ocupa el lugar de lo real; lo imaginariamente imaginario: la imagen como tal en su función fundamental de señuelo; y lo simbólicamente imaginario — de nuevo, los "símbolos" jungianos o los arquetipos New Age). La tríada real–simbólico–imaginario también determina tres modos de descentramiento del sujeto: el real (del que habla la neurobiología: la red neuronal como la realidad objetiva de nuestra auto–experiencia psíquica ilusoria); el simbólico (el orden simbólico como la Otra Escena en la cual el sujeto es hablado); y el imaginario (la propia fantasía fundamental, el escenario imaginario descentrado, inaccesible a la propia experiencia psíquica).

Lo que esto significa es que lo Real no es el corazón duro de la realidad que se resiste a la virtualización. Hubert Dreyfus tiene razón en identificar el rasgo fundamental de la virtualización de nuestra experiencia vital de hoy como una distancia reflexiva que evita cualquier compromiso pleno: en los juegos sexuales en Internet, uno nunca se compromete totalmente ya que, como normalmente se dice, "si la cosa no funciona, ¡uno siempre se puede retirar!". Cuando se alcanza un *impasse*, siempre se puede decir: "Está bien, dejo el juego, salgo. ¡Empecemos otro juego!" — pero la posibilidad de esta retirada implica que, desde el principio mismo, el individuo era de algún modo consciente de que podía dejar el juego, lo que significa que no estaba totalmente comprometido[129]. De esta manera, nunca nos podemos quemar realmente, ser fatalmente heridos, ya que un compromiso así siempre puede ser revocado, mientras que en un compromiso existencial sin reservas, si cometemos un error lo perdemos todo, no hay ninguna salida, ningún: "Está bien, empecemos otro juego".

Igualmente perderíamos la pista de lo que Kierkegaard y otros señalaron al hablar de un compromiso existencial pleno, si lo percibimos como un salto voluntarista arriesgado hacia una posición dogmática, como si, luego de persistir en un escepticismo plenamente justificado, llegáramos a perder los estribos y allí nos comprometemos totalmente; de lo que se trata más bien es precisamente de las situaciones en las que estamos absolutamente concernidos y *no podemos* dar un paso atrás y juzgar la situación a distancia — no tenemos opción de elegir o no elegir, ya que abstenerse de elegir es ya una (mala) elección.

Sin embargo, desde un punto de vista freudiano, lo primero que hay que hacer es cuestionar radicalmente la oposición, en la que se basa Dreyfus, entre el ser humano como agente totalmente incluido, arrojado en el mundo–de–la–vida, actuando contra el fondo impenetrable de la pre–comprensión, que no puede ser nunca objetivizada/explicada en un conjunto de reglas, y el ser humano que opera en un universo digital artificial, que está completamente regulado y carece así de la densidad de fondo del mundo–de–la–vida. ¿Y si nuestra inmersión en el mundo–de–la–vida no fuera el hecho central? La noción freudiana de "pulsión de muerte" apunta precisamente hacia una dimensión de la subjetividad humana que se resiste a su inmersión plena en el mundo–de–la–vida: designa una insistencia ciega que sigue su camino con descuido absoluto por los requisitos de nuestro mundo–de–la–vida concreto. En *El Espejo* de Tarkovsky, su padre Arseny Tarkovsky recita sus propios versos: "Un alma peca sin cuerpo, como un cuerpo sin ropas" — sin proyecto ni objetivo, un enigma sin respuesta, la "pulsión de muerte" es este alma dislocada sin cuerpo, una pura insistencia que ignora los constreñimientos de la realidad. El gnosticismo entonces simultáneamente tiene y no tiene razón: tiene razón, en la medida en que afirma que el sujeto humano no está de verdad "en su casa" en nuestra realidad; no la tiene, en la medida en que extrae de allí la conclusión de que, por consiguiente, debería haber otro universo (astral, autérico...) que es nuestro verdadero hogar, y del cual "caímos" a esta realidad material inerte. Aquí es también donde todas las variantes postmodernas–deconstruccionistas–postestructuralistas del sujeto siempre–ya desplazado, descentrado, pluralizado... de algún modo pierden el punto central: que el sujeto es "como tal" el nombre para un cierto desplazamiento radical, de una cierta "herida, corte en la textura del universo", y que todas sus identificaciones son finalmente solo unos tantos esfuerzos fallidos por sanar esta herida. Este desplazamiento, que en sí mismo da cabida a universos enteros, fue bien delineado en los primeros versos del poema *Tabaquería*, de Fernando Pessoa:

> *Soy nada.*
> *Nunca seré algo.*
> *No puedo desear ser nada.*
> *Más aun, llevo en mí todos los sueños del mundo.*

Dentro del espacio de la oposición en la que se basa Dreyfus, lo Real equivale a la inercia de la realidad corporal material, que no puede ser reducida a una estructura digital. Sin embargo, lo que se debe introducir aquí es la vieja y buena distinción lacaniana entre la realidad y lo Real: en la oposición entre la realidad y la ilusión espectral, lo Real aparece precisamente como "irreal", como una ilusión espectral para la cual no hay espacio en nuestra realidad (simbólicamente construida). Allí, en esta "construcción simbólica (social) de la realidad", reside la captura: el resto inerte excluido de (lo que experimentamos como) la realidad, retorna en lo Real en la forma de apariciones espectrales. ¿Qué tienen de tan siniestro animales como los caracoles, crustáceos y tortugas? El verdadero objeto de horror no es el caparazón sin el cuerpo minúsculo en él, sino el cuerpo "desnudo" sin el caparazón. Es decir, siempre tendemos a percibir el caparazón como demasiado grande, demasiado fuerte, demasiado espeso, con respecto al cuerpo viviente

---

129 Ver Hubert Dreyfus, *Sobre Internet*, Londres: Routledge 2001.

que aloja. Nunca hay un cuerpo que encaje totalmente en su caparazón, y, además, es como si este cuerpo tampoco poseyera un esqueleto interno que le conferiría un mínimo de estabilidad y firmeza: privado de su caparazón, el cuerpo es una entidad esponjosa casi informe. Es como si, en estos casos, la vulnerabilidad fundamental, la necesidad de un refugio seguro específico para los humanos, se proyectara hacia atrás en la naturaleza, en el reino animal — en otros términos, es como si estos animales fueran humanos que llevan sus casas a cuestas con ellos... ¿Este cuerpo fácil de aplastar, no es la figura perfecta de lo Real? El caparazón sin el cuerpo viviente sería como el famoso jarrón evocado por Heidegger: el marco simbólico que delinea los contornos de la Cosa Real, con el vacío en su centro — lo misterioso es que hay no obstante "algo en lugar de nada" dentro del caparazón, aunque no es un algo adecuado, sino un cuerpo siempre defectuoso, vulnerable, ridículamente inadecuado, el resto de la Cosa perdida. Lo Real no es así la realidad pre–reflexiva de nuestra inmersión inmediata en el mundo–de–la–vida sino, precisamente, lo que se pierde, a lo que el sujeto tiene que renunciar para sumergirse en su mundo–de–la–vida y, por consiguiente, lo que luego retorna en la forma de apariciones espectrales.

En resumen, lo Real es el "casi nada" que sostiene la brecha que separa una cosa de sí misma. Según la noción "lacaniana" usual de la realidad como una mueca de lo Real, lo Real es el vacío central traumático e inalcanzable, el Sol deslumbrante imposible de mirar cara a cara, perceptible sólo si se lo mira de lado, a través de una distorsión perspectiva... lo Real sería así la "mueca" estructurada/distorsionada detrás de lo que llamamos realidad a través de la pacificadora red simbólica, de algún modo como la *Ding–un–sich* kantiana, estructurada en lo que experimentamos como la realidad objetiva a través de la red transcendental. Sin embargo, si extraemos todas las consecuencias de la noción lacaniana de Real, estamos obligados a invertir las fórmulas recién citadas: lo Real en sí mismo no es nada más que una mueca de la realidad, algo que no es más que una distorsión de perspectiva en la realidad, algo que sólo brilla como tal a través de tal distorsión, ya que "en sí mismo" carece completamente de substancia. Este Real es una mancha en lo que percibimos "cara a cara", como la cara del diablo que aparece en las nubes del tornado en la fotografía de la tapa de *News of the World*, el obstáculo (la famosa "espina en la garganta") que siempre distorsiona nuestra percepción de la realidad, introduciendo manchas anamórficas en ella. Lo Real es la apariencia como apariencia, no sólo aparece *en* las apariencias, sino que tampoco es nada más que su propia apariencia — es simplemente una cierta *mueca* de realidad, un cierto rasgo imperceptible, insondable, en última instancia ilusorio, que da cuenta de la diferencia absoluta dentro de la identidad. Este Real no es el Más Allá de los fenómenos inaccesible, sino solo su doblez, la brecha entre dos fenómenos inconsistentes, un ligero cambio de perspectiva. De esta forma deberíamos contestar al contra-argumento teológico (basado en cierta lectura) de Lacan: lo Real no representa la intervención de otra dimensión en el orden de nuestra realidad — ¿y por qué esta otra dimensión no sería la Cosa Divina? Desde un punto de vista materialista, la Cosa es un espectro que surge en los intersticios de la realidad, en la medida en que la realidad nunca es homogénea/consistente, sino que está siempre afligida por el corte de su auto–doblez.

La mayor parte de las esculturas de Rachel Whiteread consiste en variaciones de uno y el mismo motivo: el de dar cuerpo directamente al Vacío de la Cosa. Cuando, tomando un objeto creado (un armario, una habitación, una casa...), ella rellena el espacio primero, con el vacío en el medio, y luego quita lo que directamente encerraba y delineaba así este vacío central — lo que obtiene de esta forma es un objeto macizo que da cuerpo directamente al vacío mismo. De esta forma, se invierte la relación usual entre el vacío y la caparazón/armadura/cáscara que creó este vacío: en lugar del jarro que incluye al vacío central, este vacío se materializa directamente. El efecto misterioso de estos objetos reside en la manera en que muestran palpablemente la incompletud ontológica de la realidad: tales objetos por definición sobresalen, son ontológicamente superfluos, no están al mismo nivel de realidad que los objetos "normales".

Este doblez nunca es simétrico. En un experimento psicológico muy conocido, dos psiquiatras estaban sumergidos en una conversación, después de que se le dijo a cada uno de ellos que el otro realmente no era un psiquiatra, sino un loco peligroso que vive bajo la ilusión de que él es un psiquiatra; después, a cada uno de ellos se le pidió que redactara un informe profesional sobre su compañero — y cada uno de ellos lo hizo, describiendo en detalle síntomas peligrosos del otro... ¿No realiza este experimento el famoso cuadro de Escher de las dos manos que se dibujan una a la otra? Se debe insistir no obstante en que, como en los dibujos de Escher, la perfecta simetría es una ilusión que "no puede pasar en la realidad" — dos personas no pueden ser cada una entelequia en el sueño de la otra. La asimetría en cuestión aquí es claramente discernible en otro caso similar, el de la relación entre Dios y el hombre en la tradición del misticismo alemán (Meister Eckhart): el hombre es creado por Dios, y sin embargo Dios nace del hombre, es decir que el hombre da a luz a lo que lo creó. La relación no es aquí simétrica, sino — para decirlo en hegelés – la de la "postulación de los presupuestos": Dios es, por supuesto, el Fundamento impenetrable/abismal del que surge el hombre; sin embargo, es sólo a través del hombre que Dios se realizó a sí mismo, que "se vuelve lo que siempre–ya era". Lo que antes de la creación del hombre era una fuerza sustancial impersonal, se vuelve persona divina a través del hombre.

Volvemos así a la diferencia entre idealismo y materialismo: quizás, su figura última es la de estas dos formas de lo Real. La religión es lo Real como la Cosa imposible más allá de los fenómenos, la Cosa que "brilla a través" de los fenómenos en experiencias sublimes; el ateísmo es lo Real como la mueca de realidad, como simplemente la Brecha, la inconsistencia, de la realidad. Esta es la razón por la que debemos invertir el reproche religioso común a los ateos ("¡Pero ustedes realmente no pueden entender lo que es creer!"): nuestro estado "natural" es creer, y lo verdaderamente difícil de asir es la posición del ateo. Aquí debemos oponernos a la aserción derrideana/levinasiana del corazón de la religión como la creencia en lo Real imposible de una Otredad espectral que deja sus rastros en nuestra realidad — la creencia de que esta realidad nuestra no es la Última Realidad. El ateísmo no es la posición de creer sólo en la realidad positiva (ontológicamente constituida, plenamente suturada, cerrada); la definición más sucinta del ateísmo *rien n'aura eu lieu que le lieu* precisamente es la de "religión sin religión" — la aserción del Vacío de lo Real, privado de cualquier contenido positivo, anterior a cualquier contenido, la afirmación de que cualquier contenido es un semblante que llena ese vacío. La "religión sin religión" es el lugar de la religión privado de su contenido, como la de Mallarme — "nada tiene lugar salvo el lugar mismo", *ésta* es la verdadera fórmula del ateísmo. Aunque esto pueda sonar similar a la "Otredad Mesiánica" derrideana/levinasiana, es su exacto contrario: no es "la Verdad mesiánica interna de la religión menos los aparatos institucionales externos a la religión", sino, más bien, la *forma* de la religión privada de su contenido, en contraste con la referencia derrideana/levinasiana a una Otredad espectral, que no ofrece la Forma sino el Contenido vacío de la religión. No sólo la Religión y el verdadero ateísmo insisten ambos en el Vacío, en el hecho de que nuestra realidad no es plena y cerrada — la experiencia de este Vacío es la experiencia *materialista* original, y la religión, incapaz de soportarla, *lo llena* con un contenido religioso.

¿Y no es este también el pasaje de Kant a Hegel? ¿De la tensión entre los fenómenos y la Cosa a la inconsistencia/brecha entre los fenómenos mismos? La noción usual de la realidad es la de un núcleo duro que se resiste al atrapamiento conceptual — lo que Hegel hace es simplemente tomar más *literalmente* esta noción de realidad: la realidad no–conceptual es algo que *surge* cuando el auto–desarrollo del concepto es tomado por una inconsistencia y se vuelve opaco para sí mismo. En síntesis, se transpone el límite del exterior al interior: hay la Realidad porque y en tanto la Idea es inconsistente, no coincide consigo misma... O sea, las inconsistencias múltiples de perspectiva entre los fenómenos no son efecto del impacto de la Cosa transcendente — al contrario, la Cosa no es más que la ontologización de la inconsistencia entre los fenómenos. La lógica de esta inversión finalmente es homóloga al pasaje en Einstein de la teoría de la Relatividad Especial a la General. La Teoría Especial ya introduce la noción de espacio curvo, pero concibe esta curvatura como un efecto de la materia: es la presencia de la materia la que curva el espacio, es decir que solo un espacio vacío sería absolutamente no–curvo. Con el pasaje a la Teoría General, la causalidad se invierte: lejos de *causar* la curvatura del espacio, la materia es su *efecto*. De la misma manera, el real lacaniano — la Cosa — no es tanto la presencia inerte que "curva" el espacio simbólico (introduciendo huecos e inconsistencias en él), sino más bien, el efecto de estos huecos e inconsistencias.

Hay dos formas fundamentalmente diferentes de relacionarnos con el Vacío, ejemplificadas y capturadas por la paradoja de Aquiles y la tortuga: Aquiles puede ganarle a la tortuga fácilmente, pero no puede nunca alcanzarla. O bien postulamos el vacío como el Límite imposible–real de la experiencia humana, al que sólo podemos acercarnos indefinidamente, la Cosa absoluta hacia la cual debemos mantener una distancia apropiada — si nos acercamos demasiado a ella, podemos quemarnos con el Sol... de manera que nuestra actitud hacia el vacío es completamente ambigua, marcada por una atracción y repulsión simultáneas. O bien, lo postulamos como eso que debemos atravesar (y, en cierto modo, siempre–ya lo hemos hecho) — en ello reside la esencia de la noción hegeliana del "trabajo de lo negativo", que Lacan puso en forma en su idea de la conexión profunda entre el instinto de muerte y la sublimación creativa: para que la creación (simbólica) pueda tener lugar, la pulsión de muerte (la negatividad absoluta auto–relativa hegeliana) tiene que hacer precisamente el trabajo de vaciar el lugar, preparando así la creación. En lugar del viejo tópico de los objetos fenoménicos que desaparecen/se disuelven en el vórtice de la Cosa, tenemos objetos que no son más que el vacío encarnado de la Cosa, o, en hegelés, objetos en los que la negatividad asume una existencia positiva.

En términos religiosos, este pasaje de la Cosa (imposible–real), refractada/reflejada en la multitud de sus apariencias, a la Díada, es el pasaje mismo del judaísmo a la Cristiandad: el Dios judío es la Cosa real del más allá, mientras que la dimensión divina de Cristo es simplemente una mueca diminuta, una sombra imperceptible que lo diferencia de los otros humanos (ordinarios). Cristo no es "sublime" en el sentido de un "objeto elevado a la dignidad de la Cosa", él no es un representante del Dios–Cosa imposible; él es más bien "la Cosa misma", o, con más precisión, "la Cosa misma" no es nada más que la ruptura/brecha que impide a Cristo ser totalmente humano. Cristo es así lo que Nietzsche, ese último y auto–profesado Anticristo, llamó "Mediodía": el delgado *borde* entre el Antes y el Después, lo Viejo y lo Nuevo, lo Real y lo Simbólico, entre Dios–Padre–Cosa y la comunidad del Espíritu[130]. Como tal, él es ambos al mismo tiempo: el punto extremo de lo Viejo (la culminación de la lógica del sacrificio, representando él mismo el sacrificio extremo, el intercambio auto–relativo por el que ya no pagamos a Dios, sino que Dios se paga a sí mismo por nosotros y así nos endeuda indefinidamente), y su superación (el cambio de perspectiva) en lo Nuevo. Es entonces solo un matiz diminuto, un cambio casi imperceptible de perspectiva, lo que distingue el sacrificio de Cristo de la aserción atea de la vida como lo que no necesita ningún sacrificio.

La clave de Cristo la proporciona la figura de Job, cuyo sufrimiento prefigura el de Cristo. El impacto casi insoportable del "Libro de Job" no reside tanto en su marco narrativo (el Diablo aparece en él como el contrincante de Dios, y ambos se involucran en un experimento bastante cruel para probar la fe de Job), sino en su resultado último. Lejos de proporcionar algún tipo de explicación satisfactoria del sufrimiento inmerecido de Job, la aparición de Dios al final parece ser una pura jactancia, una muestra de horror con elementos de espectáculo farsesco — un puro argumento de autoridad fundado en un despliegue impresionante de poder: "¿Ves todo lo que puedo hacer? ¿Puedes tú hacer esto? ¿Quién eres entonces para quejarte?". Así, lo que tenemos no es ni el Dios bueno que le hace saber a Job que su sufrimiento era simplemente una ordalía destinada a probar su fe, ni un Dios oscuro más allá de la Ley, el Dios del puro capricho, sino más bien un Dios que actúa como quien está atrapado en un momento de impotencia, o al menos de debilidad, e intenta escapar a esta dificultad por medio de la jactancia vacía. Lo que se da al final es como una especie de *show* hollywoodense de horror barato, repleto de efectos especiales

179

---

[130] Me baso aquí en la innovadora lectura lacaniana de Nietzsche de Alenka Zupancic, *Nietzsche: Filozofija Dvojega*, Ljubljana: Analecta 2001.

– no sorprende que tantos comentaristas tiendan a desmerecer la historia de Job, considerándola un resto de mitología pagana previa, que debería haber sido excluida de la Biblia. Contra esta tentación, debemos precisamente localizar la verdadera grandeza de Job: contrariamente a la idea usual que existe acerca de Job, él *no* es una víctima paciente, que soporta su prueba con la firme fe en Dios — al contrario, él se queja todo el tiempo, rechazando su destino (como Edipo en Colona, a quien también normalmente se lo malinterpreta como una víctima paciente resignada a su destino). Cuando los tres teólogos–amigos lo visitan, su línea de argumentación es la sofística ideológica común (si sufres, por definición debes haber hecho algo malo, ya que Dios es justo). Sin embargo, su argumentación no se limita a afirmar que Job debe ser de algún modo culpable: lo que está en juego en un nivel más radical es el (sin)sentido del sufrimiento de Job. Como Edipo en Colona, Job insiste en la *insensatez* absoluta de su sufrimiento — como dice el título de Job 27: "Job mantiene su integridad". Como tal, el Libro de Job proporciona quizás lo que puede ser el primer caso ejemplar de crítica de la ideología en la historia humana, poniendo al desnudo las estrategias discursivas básicas de legitimación del sufrimiento: la dignidad propiamente ética de Job reside en la forma en que rechaza persistentemente la noción de que su sufrimiento pueda tener algún significado, que pueda ser algún castigo por sus pecados pasados o la prueba de su fe, contra los tres teólogos que lo bombardean con los posibles significados — y, sorprendentemente, Dios al final está de su lado, al declarar que cada palabra pronunciada por Job era verdad, mientras que cada una de las palabras de los tres teólogos era falsa.

Y es con respecto a esta aserción del sinsentido del sufrimiento de Job que debemos insistir en el paralelo entre Job y Cristo, ya que el sufrimiento de Job anuncia el Camino de la Cruz: el sufrimiento de Cristo *también* carece de sentido, no es un acto de intercambio significativo. La diferencia, por supuesto, es que, en el caso de Cristo, la brecha que separa al desesperado sufriente de Dios se transpone al propio Dios, como Su propia escisión radical o, más bien, su auto–abandono. Esto implica que debemos arriesgar una lectura mucho más radical que la usual de

la pregunta de Cristo: "Padre, ¿por qué me has abandonado?":
como ya no se trata de la brecha entre el hombre y Dios, sino de
una escisión en Dios mismo, la solución no puede ser que Dios
(re)aparezca en toda su majestad, revelando a Cristo el significado
más profundo de su sufrimiento (que él fue el Inocente
sacrificado para redimir a la humanidad). La pregunta de Cristo
"Padre, ¿por qué me has abandonado?" no es una queja al Dios–
padre caprichoso *omnipotente* cuyos caminos son inescrutables
para nosotros, los humanos mortales, sino la queja que se dirige
al Dios *impotente*: es más bien como la del niño que, después de
creer en el poderío sin límites de su padre, con horror descubre
que su padre no puede ayudarlo. (Para evocar un ejemplo de la
historia reciente: en el momento de la crucifixión de Cristo,
Dios–Padre estaría en una posición algo similar a la de un padre
bosnio, que es testigo de la violación masiva de su propia hija, y
debe soportar el trauma radical de su mirada compasiva y
reprochante: "¿Padre, por qué me has abandonado...?"").
Entonces, con esta pregunta, es Dios–Padre quien efectivamente
cae, revelando su impotencia absoluta, y a partir de allí se eleva
de su propia muerte en la forma del Espíritu Santo. El pasaje
del judaísmo a la cristiandad es así nuevamente el pasaje de la
purificación a la substracción: de la fascinación mortal por Dios–
cosa transcendente a la diferencia mínima que hace divino a
Cristo–hombre.

En los buenos viejos tiempos del estalinismo, e incluso hasta
1962 (el Vigésimo Segundo Congreso del Partido Comunista
Soviético, con su condena más radical y pública de Stalin), había
impresa, en la esquina superior izquierda de cada edición del diario
Pravda, dos insignias dibujadas cara a cara con los perfiles de Lenin
y Stalin. Después de 1962, con la "desestalinización", ocurrió algo
bastante extraño: este dibujo no fue reemplazado por un solo **181**
dibujo de Lenin, sino por un dibujo duplicado de Lenin: dos
perfiles idénticos de Lenin cara a cara — ¿cómo debemos leer
esta siniestra repetición? La lectura que primero se impone es,
por supuesto, que la referencia ausente a Stalin fue retenida en
esta compulsión a repetir la de Lenin. Aquí tenemos la lógica del
doble en su más pura expresión o, en otros términos, la perfecta

ejemplificación de la tesis de Hegel de que la tautología es la más alta contradicción: Stalin es el siniestro doble de Lenin, su sombra obscena a la que llegamos simplemente a través de la duplicación de Lenin. Si, antes de la "desestalinización", la hagiografía oficial evocaba de una manera mántrica la Banda de los Cuatro estalinista: "Marx, Engels, Lenin, Stalin", luego de 1962, deberían haberla cambiado simplemente por "Marx, Engels, Lenin, Lenin"... Hay, sin embargo, una manera quizás mucho más productiva de entender esto: ¿Y si la repetición de Lenin fuera el ejemplo mayor de la lógica de la substracción, de producir la mínima diferencia?

[]

Conclusión:
Retorno versus repetición

La historia entera de la Unión Soviética puede ser comprendida como homóloga a la famosa imagen de Roma que nos brindó Freud, una ciudad cuya historia está depositada en su presente en forma de capas sucesivas de restos arqueológicos, cada nuevo nivel depositado sobre el precedente, como el otro modelo de las siete capas de Troya; de manera que el historiador, en su retroceso hacia épocas cada vez más antiguas, procede como el arqueólogo, descubriendo nuevas capas al sondear cada vez más profundamente la tierra. ¿No fue la historia (ideológica oficial) de la Unión Soviética una similar acumulación de exclusiones, una transformación de las personas en no–personas, un reescribir retroactivamente la historia? En forma bastante lógica, la "desestalinización" fue señalada como el proceso opuesto a la "rehabilitación", a admitir los "errores" de la política pasada del Partido. La "rehabilitación" gradual de los ex–líderes bolcheviques demonizados puede servir así quizás como un índice más sensible de cuán lejos (y en qué dirección) iba la "desestalinización" de la Unión Soviética. Los primeros en ser rehabilitados fueron los altos líderes militares fusilados en 1937 (Tukhachevsky y otros); el último en ser rehabilitado, ya en la era Gorbachov, justo antes del derrumbamiento del régimen comunista, fue Bukharin — esta última rehabilitación, por supuesto, fue una clara señal del giro hacia el capitalismo: el Bukharin que fue rehabilitado fue el que, en los años veinte, defendió el pacto entre obreros y campesinos (los dueños de sus tierras), lanzando el famoso eslogan "¡Hazte rico!", y quien se opuso a la **183** colectivización forzada. Significativamente, sin embargo, una figura que *nunca* fue rehabilitada, que fue excluida tanto por los comunistas como por los nacionalistas rusos anti–comunistas fue la de Trotsky, el "judío errante" de la Revolución, el verdadero anti–Stalin, el archi–enemigo, el que opuso la "revolución permanente" a la idea de "construir el socialismo en un país".

Arriesgaríamos aquí un paralelo con la distinción de Freud entre la represión primordial, que funda el inconsciente, y la secundaria: la exclusión de Trotsky sería algo así como la "represión primordial" del Estado soviético, algo que no puede readmitirse a través de ninguna "rehabilitación", ya que el Orden entero descansaba en este gesto negativo de exclusión[131]. No hay lugar para Trotsky ni en el Socialismo real–existente pre–1990 ni en el Capitalismo real–existente post–1990, en el que ni siquiera los comunistas nostálgicos saben qué hacer con la revolución permanente de Trotsky — quizás, el significante "Trotsky" es la designación más apropiada de lo que vale la pena recuperar en el legado leninista. Recordemos aquí *El Hyperion de Hölderlin*, un ensayo corto extraño, pero crucial, de Georg Lukacs, escrito en 1935, en el que Lukacs alaba la adhesión de Hegel al *Thermidor* napoleónico, contra la fidelidad intransigente de Hölderlin a la utopía revolucionaria heroica:

> *Hegel acepta la época post–Termidoriana y el cierre del periodo revolucionario de desarrollo burgués, y precisamente construye su filosofía sobre la comprensión de este nuevo punto de viraje de la historia mundial. Hölderlin no hace ningún compromiso con la realidad post–Termidoriana; él permanece fiel al viejo ideal revolucionario de renovar la* polis *democrática, y está quebrado por una realidad que no ofrece ningún lugar para sus ideales, ni siquiera en el nivel de la poesía y el pensamiento.[132]*

Lukacs se está refiriendo aquí a la noción de Marx de que el periodo heroico de la Revolución francesa fue la ruptura entusiasta necesaria, luego de la cual siguió la fase anheroica de las relaciones de mercado: la verdadera función social de la Revolución fue establecer las condiciones para el reino prosaico de la economía burguesa, y el verdadero heroísmo no reside en aferrarse ciegamente al entusiasmo revolucionario primero, sino reconocer "la rosa en la cruz del presente", como Hegel gustaba de parafrasear a Lutero, es decir, en abandonar la posición del Alma Bella y aceptar plenamente el presente como el único dominio posible de libertad real. Es así que este "compromiso" con la realidad social habilitó el paso filosófico crucial de Hegel, el de superar la noción proto–fascista de comunidad "orgánica" en su manuscrito *System der Sittlichkeit*, y comprometerse en el análisis dialéctico de los antagonismos de la sociedad civil burguesa (en esto reside la paradoja propiamente dialéctica de la empresa proto–fascista de volver a la comunidad "orgánica" premoderna: lejos de ser simplemente "reaccionario", el "Socialismo feudal" fascista es un tipo de solución de compromiso, un intento *ersatz* de construir el socialismo dentro de los límites del mismo capitalismo). Es evidente que este análisis de Lùkacs es profundamente alegórico: fue escrito un par de meses después de que Trotsky lanzara su tesis del estalinismo como el *Thermidor* de la Revolución de octubre. El texto de Lukacs debe ser leído así como una respuesta a Trotsky: él acepta la caracterización de Trotsky del régimen de Stalin como "Termidoriano", dándole un giro positivo — en lugar de lamentar la pérdida de energía utópica, uno debe, en forma heroicamente resignada, aceptar sus consecuencias como el único espacio real de progreso social... Para Marx, por supuesto, el sereno "día después" que sigue a la intoxicación revolucionaria señala el límite original del proyecto revolucionario "burgués", la falsedad de su promesa de libertad universal: la "verdad" de los derechos humanos universales son los derechos del comercio y la propiedad privada. Si hacemos una lectura de la adhesión de Lukacs al *Thermidor* estalinista, ésta implica (posiblemente contra su intención consciente) una perspectiva pesimista absolutamente anti–marxista: la propia revolución proletaria también se caracteriza por la brecha entre su ilusoria aserción universal de libertad y el posterior despertar a las nuevas relaciones de dominación y explotación, lo que significa que el proyecto comunista de realizar la "libertad real" falló.

---

[131] Está de moda afirmar con ironía que la política de Stalin desde 1928 en adelante fue efectivamente una especie de "revolución permanente", un estado permanente de emergencia en el que la revolución devoraba repetidamente a sus propios retoños — sin embargo, esta afirmación es errada: el terror estalinista es el resultado paradójico del esfuerzo por estabilizar la Unión Soviética, en transformarla en un Estado como cualquier otro, con límites e instituciones firmes, es decir que el Terror era el resultado del pánico, una reacción defensiva contra esta amenaza a la estabilidad del Estado.

[132] Georg Lukacs, *El Hyperion de Hölderlin*, en *Goethe y su época*, Londres: Allen & Unwin 1968, pág. 137.

¿Qué debemos hacer, entonces, en estas condiciones? El problema con los pocos "leninistas" ortodoxos que quedan, que se comportan como si se pudiera simplemente reciclar el viejo leninismo, y continúan hablando de traición a los impulsos revolucionarios de las masas activas por parte de los líderes corruptos, es que no queda claro desde qué posición de enunciación hablan: o se internan en discusiones apasionadas sobre el pasado (demostrando con erudición admirable cómo y donde los "leninólogos" anti–comunistas falsean a Lenin, etc.), en cuyo caso evitan la pregunta de qué importancia (aparte de un interés completamente histórico) tiene el tema hoy, o bien, cuanto más se acercan a la política contemporánea, más cerca están de adoptar una postura puramente jergonista que no afecta a nadie. Cuando, en los últimos meses del 2001, el régimen de Milosevic en Serbia finalmente cayó, muchos marxistas en Occidente se plantearon la pregunta: "¿y qué pasó con los mineros cuya huelga llevó a la interrupción del suministro de electricidad y derrumbó así efectivamente a Milosevic? ¿No fue ese un movimiento genuino de los trabajadores, manipulado luego por los políticos nacionalistas o bien corrompido por la CIA?". El mismo punto sintomático surge con respecto a cada nuevo levantamiento social (como la desintegración del Socialismo Real hace diez años): en cada uno de estos casos, se identifica algún movimiento de la clase obrera, que supuestamente desplegó un verdadero potencial revolucionario o, al menos, socialista, pero que fue primero explotado y luego traicionado por las fuerzas procapitalistas y/o nacionalistas. De esta manera, se puede continuar soñando con la Revolución a la vuelta de la esquina: todo lo que necesitamos es una conducción auténtica que pueda organizar el potencial revolucionario de los trabajadores. De creer en esto, Solidarnosc fue originalmente un movimiento democrático–socialista de los trabajadores, "traicionado" después por su dirección, corrompida por la Iglesia y la CIA... Hay, por supuesto, un momento de verdad en esta creencia: la ironía principal de la desintegración del Comunismo fue que las grandes revueltas (República Democrática Alemana en 1953, Hungría en 1956, Solidaridad en Polonia) fueron originalmente levantamientos *obreros* que sólo después allanaron el camino para movimientos "anti–comunistas" — antes de sucumbir al enemigo "externo", el régimen recibió un mensaje sobre su falsedad, por parte de aquellos a quienes estos "estados de obreros y campesinos" hacían referencia como su propia base social. Sin embargo, este mismo hecho también demuestra que las revueltas obreras carecían de un compromiso socialista sustancial: en todos los casos, una vez que el movimiento estallaba, era sutilmente hegemonizado por la ideología "burguesa" (libertad política, propiedad privada, soberanía nacional, etc.). Esta misteriosa clase obrera cuyo impulso revolucionario es coartado repetidamente por la traición de los políticos liberales y/o nacionalistas es el *fetiche* de algunos trotskistas sobrevivientes, estos verdaderos Hölderlins del marxismo actual — el punto singular de renegación que les permite sostener su interpretación global del estado de cosas. Su fijación fetichista al viejo marco marxista–leninista es exactamente lo opuesto de la charla hoy de moda sobre "los nuevos paradigmas", sobre cómo debemos dejar atrás viejos "conceptos–zombi" como el de clase obrera, etc., — dos maneras complementarias de evitar el esfuerzo de *pensar* lo nuevo que efectivamente está surgiendo hoy. Lo primero que debe hacerse aquí es desmontar esta renegación admitiendo totalmente que la "auténtica" clase obrera simplemente *no existe*[133]. Y si agregamos a esta posición fetichista otras cuatro, obtenemos un cuadro bastante completo de la triste dificultad de la Izquierda hoy: la aceptación de las guerras culturales (feministas, gay, anti–racistas, etc., la lucha multiculturalista) como el terreno dominante de las políticas emancipatorias; la posición completamente defensiva de intentar proteger los logros del Estado de Bienestar; la creencia ingenua en el cibercomunismo (la idea de que los nuevos medios de comunicación están creando directamente las condiciones para una nueva comunidad auténtica); y, finalmente, la Tercer Vía, la capitulación propiamente dicha.

187

---

[133] El otro fetiche es la creencia en que las cosas resultaron mal en la Unión Soviética solo porque Lenin no pudo unir sus fuerzas con Trotsky para deponer a Stalin. Esta creencia es ya discernible en el propio Trotsky quien, precisamente debido a su "dogmatismo estructural" (su creencia en el esquema del desarrollo histórico "marxista" global), no pudo entender al estalinismo sino como el producto de la personalidad de Stalin.

John Berger recientemente hizo un sobresaliente análisis a propósito de un cartel publicitario francés, de la compañía de inversiones de Bolsa por medio de Internet *Selftrade*: bajo la imagen de la hoz y el martillo grabadas en oro sólido e incrustadas con diamantes, se lee el subtítulo "¿Y si el mercado accionario diera ganancia a todos?". La estrategia de este cartel es obvia: hoy, el mercado accionario cumple el criterio comunista igualitario, todos podemos participar en él. Berger se complace en un experimento mental simple: "Imaginemos una campaña de comunicaciones que utilice hoy la imagen de una esvástica grabada en oro sólido e incrustada con diamantes. Por supuesto no funcionaría. ¿Por qué? La esvástica estaba dirigida a vencedores potenciales, no a los derrotados. Invocaba la dominación, no la justicia"[134]. A diferencia de ésta, la Hoz y el Martillo invocaban la esperanza de que "la historia estaría en el futuro del lado de aquellos que luchan por la justicia fraternal"[135]. La ironía entonces consiste en que, en el mismo momento en que esta esperanza es proclamada oficialmente como muerta por la ideología hegemónica del "fin de las ideologías", una empresa paradigmáticamente "postindustrial" (¿hay algo más "postindustrial" que comerciar con acciones por Internet?) tiene que movilizar esta esperanza dormida para hacer llegar su mensaje[136]. "Repetir a Lenin" implica dar nueva vida a esta esperanza que todavía continúa acechándonos.

Por consiguiente, repetir a Lenin no significa retornar a Lenin — repetir a Lenin es aceptar que "Lenin está muerto", que su solución particular falló, incluso falló monstruosamente, pero que había allí una chispa utópica que vale la pena salvar[137]. Repetir a Lenin significa tener que distinguir entre lo que Lenin hizo efectivamente y el campo de posibilidades que él abrió, la tensión en Lenin entre lo que él realizó efectivamente y otra dimensión, lo que era "en Lenin más que el propio Lenin". Repetir a Lenin no es repetir lo que Lenin *hizo*, sino lo que él *no hizo*, sus oportunidades *perdidas*. Hoy, Lenin aparece como una figura proveniente de una zona diferente del tiempo: no es que sus nociones como la del Partido centralizado, etc., parezcan alojar una "amenaza totalitaria" — es más bien que parecen pertenecer a una época diferente, a la que ya no podemos relacionarnos apropiadamente. Sin embargo, en lugar de leer esto como prueba de que Lenin está pasado de moda uno debe, quizás, arriesgar la conjetura opuesta: ¿no podría ser que esta impenetrabilidad de Lenin es una señal de que hay algo malo en nuestra época? ¿y si el hecho de que experimentemos a Lenin como impertinente, "fuera de foco" con respecto a nuestro tiempo postmoderno, nos da un mensaje mucho más perturbador, que *nuestro* tiempo es el que está "fuera de foco", que una cierta dimensión histórica está perdiéndose en él?[138] Si, a algunas personas, semejante afirmación les parece peligrosamente cercana al sarcasmo infame de Hegel: "¡tanto peor para los hechos!" (a propósito de la refutación que implicó el descubrimiento del noveno planeta - Plutón - a su deducción de que debía haber sólo ocho planetas

---

[134] John Berger, *La hoz y el martillo*, en Janus 5 (2000), pág. 16.

[135] Berger, op.cit., pág. 17. La diferencia clave que existe entre el nazismo y el estalinismo es que el régimen Nazi no intervino efectivamente en las relaciones básicas de producción, mientras que la colectivización forzada estalinista señala una voluntad de cambiar radicalmente las propias relaciones fundamentales de producción.

[136] Podríamos realizar un experimento mental similar: en los últimos días del Socialismo Real Existente, en las manifestaciones de protesta se cantaban a menudo las canciones oficiales, incluso los himnos nacionales, como recordatario a los poderes de sus promesas incumplidas. ¿Qué mejor para una manifestación en Alemania Oriental en 1989 que cantar simplemente el himno nacional de la República Democrática Alemana? Como su letra (*"Deutschland einig Vaterland /* Alemania, la Patria unida/") ya no encajaba con la intención de hacer de Alemania Oriental una nueva nación Socialista, estaba *prohibido* cantarlo en público a finales de los años cincuenta: en las ceremonias oficiales, sólo se ejecutaba la versión orquestal (¡la República Democrática Alemana fue así el único país en el que cantar el himno nacional era un acto delictivo!). ¿Podría imaginarse la misma situación bajo el nazismo?

[137] Se debería, quizás, rehabilitar la distinción (implícita) en Marx entre la clase obrera (como categoría social "objetiva", tema de estudios sociológicos) y el proletariado (una cierta posición *subjetiva* — la clase "para sí", la encarnación de la negatividad social, para usar una vieja expresión bastante infortunada). En lugar de intentar encontrar (objetivamente) la clase obrera en desaparición, deberíamos preguntar más bien: ¿quién ocupa, quién es capaz subjetivar hoy su posición como proletario?

[138] En un nivel metodológico más general, debemos invertir también el punto de vista común pseudo-nietzscheano de que el pasado que construimos en nuestra historiografía es un síntoma, una forma de articular nuestros problemas presentes: ¿no es, al contrario, que el "nosotros" — nuestro presente — es un síntoma de los puntos irresueltos del pasado?

189

circulando alrededor del Sol), entonces estamos listos para asumir plenamente esta paradoja.

Hay un viejo chiste sobre el socialismo que consiste en mostrarlo como la síntesis de los más altos logros de toda la historia humana: de las sociedades prehistóricas, tomó el primitivismo, del Mundo Antiguo la esclavitud, de la sociedad medieval la dominación brutal, del capitalismo la explotación, y del socialismo el nombre... ¿No pasa algo similar al sostener nuestro esfuerzo de repetir el gesto de Lenin? De la crítica cultural conservadora, toma la idea que la democracia de hoy no es más el lugar donde se toman las decisiones cruciales; de los ideólogos del ciberespacio, la idea de que la red digital global ofrece un nuevo espacio de vida comunal; etc., etc., y de Lenin más o menos sólo el nombre propio... Sin embargo, este mismo hecho podría volverse un argumento *a favor* de "repetir a Lenin": se puede demostrar fácilmente hasta qué punto el *significante* "Lenin" retiene su filo subversivo — digamos, cuando se argumenta en forma "leninista" que la democracia de hoy está acabada, que las decisiones importantes no se toman allí, uno es acusado directamente de "totalitarismo"; cuando el mismo argumento es pronunciado por los sociólogos o incluso Vaclav Havel, se alaba la profundidad de su visión... *Esta* resistencia es la respuesta a la pregunta "¿Por qué Lenin?": es que el significante "Lenin" *formaliza* este contenido encontrado en otras partes, transformando una serie de nociones comunes en una formación teórica subversiva.

[]

A propósito de Lenin
Política y subjetividad en el capitalismo tardío

Se terminó de imprimir en
Artes Gráficas Piscis S.R.L., Junín 845,
(C1113AAA) Buenos Aires, Argentina,
en el mes de marzo de 2004